Jay E. Adams

Christsein auch zu Hause

Familienleben biblisch gestalten

clv

Christliche Literatur-Verbreitung e.V.
Postfach 11 01 35 · 33661 Bielefeld

Soweit nicht anders vermerkt, sind die Bibelzitate der Elberfelder Übersetzung 2003, Edition CSV Hückeswagen, entnommen.

Abkürzungen, die für Bibelversionen verwendet wurden

Elb 2003   Elberfelder Übersetzung, Hückeswagen: CSV, 2003, 3. Aufl. 2009.

Luther 1912   Die Heilige Schrift nach der deutschen Übersetzung Martin Luthers, Stuttgart, 1912.

Luther 1984   Die Bibel nach der Übersetzung Martin Luthers, Deutsche Bibelgesellschaft, Stuttgart.

RELB   Elberfelder Übersetzung, revidierte Fassung, R. Brockhaus Verlag Wuppertal, 8. Aufl. 2001.

Schlachter 2000 Die Bibel, übersetzt von F. E. Schlachter (Version 2000), Genf, 1. Aufl. 2003.

1. Auflage 2012 (CLV)

This book was first published in the United States
by P & R Publishing Company, P. O. Box 817,
Phillipsburg, New Jersey, 08865-0817, USA
with the title *Christian Living in the Home*, © 1972 by Jay E. Adams
Translated by permission and arranged by
F. J. Rudy and Associates, 1132 Del Mar Drive, Palatine, Illinois 60067, USA

© der deutschen Ausgabe 2012 by CLV
Christliche Literatur-Verbreitung
Postfach 11 01 35 · 33661 Bielefeld
Internet: www.clv.de

(früher erschienen im Brunnen Verlag, Gießen)
Übersetzung: Gerhard Raabe
Umschlag: typtop, Andreas Fett, Meinerzhagen
Satz: CLV
Druck: CPI – Ebner & Spiegel, Ulm

ISBN 978-3-86699-234-4

Inhalt

Familie heute	5
Christsein auch zu Hause	7
Christen geben ihre Sünden zu	8
Christen wissen, wie sie sich zu ihren Sünden stellen müssen	9
Christen leben mit Jesus Christus	10
Hoffnung für die Familie	11
Gott redet oft von Sünde, wo wir von »Krankheit« sprechen	11
Die Probleme sind zu lösen	12
Keine Situation ist hoffnungslos	14
Kein Problem ist einzigartig	16
Das Wichtigste: Offenheit	21
Gesunde Beziehungen zueinander	21
Kommunikation heißt, die Wahrheit zu reden	23
Die Wahrheit in der Familie	23
Vom Zorn und Groll	27
Sie sind dran!	30
Auf dem Laufenden bleiben!	34
Positives reden	35
Die Ehe – und was die Bibel dazu sagt	40
Ehe auf Zeit?	41
Heiraten – das kleinere von zwei Übeln?	42
Vom Sinn der Ehe	44
Loslassen und Anhangen	47
Test: Zeitaufwand für meine Familie – gemeinsame Interessen	53
Heiraten oder nicht?	54
Was kann man tun?	55
Vom Mythos des Zusammenpassens	58
Nach welchen Gesichtspunkten soll man den Ehepartner wählen?	59
Testfragen für Unverheiratete	61
Testfragen für Verliebte	62
Die ideale Ehefrau	63
Emanzipation oder Unterordnung?	64
Die göttliche Ordnung in der Familie	66

Unterordnung – was heißt das?	67
Die ideale Frau (Spr 31,10-31)	70
Die letzte Instanz	75
Test für Ehefrauen	78

Der liebende Ehemann 79
»Familienoberhaupt« – mehr als ein Titel 81
Vom Umgang mit Ehefrauen 83
Miteinander reden 83
Nur für Frauen und kleine Kinder? 84
Liebende Leitung 86
»Nähren und pflegen« 88
Aufgestauter Ärger? 90
Wie man Liebe lernt 91
»Wir lieben uns nicht mehr« 93
Für Liebe zuständig 94
Testfragen für den Ehemann 96

Christliche Erziehung – was ist das? 97
»Hat ja doch alles keinen Zweck!« 98
Feste Regeln 101
Zu viele Vorschriften 102
Im Voraus überlegen 103
Disziplin durch Lautstärke? 105
Der gestrenge Herr Papa 106
Ungerechte Strafen 107
Elterliche Regeln und kindliche Erfahrung 108
Positive Erziehung 109
Disziplin und persönliche Überzeugung 111
Regeln 113
Das »Fleiß-Preis-Programm« 114

Von der Ehe mit einem ungläubigen Ehepartner 116
Zusammenbleiben! 117
Den Partner gewinnen 119
Mehr Eifer als Erfolg 120
Weniger List und mehr Leben 121
Mit den Augen des Partners 124
Fragen zur Selbstkontrolle 126

Fangen Sie jetzt an! 127
Selbstkritik und neuer Anfang 128

Familie heute

Ein Mann kommt mit seiner Frau zur seelsorgerlichen Beratung. Sie sagt: »Ich weiß nicht, weshalb wir eigentlich hergekommen sind. Unsere Situation ist sowieso hoffnungslos.« Er bestätigt: »Wir lieben uns nicht mehr.« Aus. Es ist offensichtlich, dass sie einander völlig gleichgültig geworden sind. Was hätten Sie geantwortet?

Spätestens nach den Flitterwochen tauchen die ersten Probleme auf – und manches ist so ganz anders, als man es sich erhofft und erträumt hat.

Viele Stimmen melden sich zu Wort, wenn es um Ehe, Familie, Erziehung oder Sexualität geht. Nicht selten widersprechen sie einander. Was soll man tun? Wer hat recht? Gibt es noch Hoffnung?

Es gibt einen Weg, den Zerfall der Familie zu stoppen, nämlich die praktische und konsequente Anwendung der biblischen Prinzipien. Die Wahrheit des Wortes Gottes bringt Hoffnung in die verfahrenen Situationen. Darum geht es in diesem Buch: nicht um moralische Appelle, sondern um ein Angebot der Hilfe für alle, die Hilfe brauchen.

Es ist notwendig, in der Familie von Anfang an biblische Verhaltensweisen einzuüben, die viele Schwierigkeiten erst gar nicht aufkommen lassen. Stattdessen begnügen sich viele mit einem unbefriedigenden und mehr oder weniger stabilen »Waffenstillstand«. Machen wir uns nichts vor: Auch viele »christliche« Familien genügen der biblischen Norm keineswegs – und sie leiden darunter!

Aber Probleme sind nicht einmalig und unlösbar, auch wenn es so scheint. Sie müssen jedoch auf biblische Weise angegangen werden.

Jay Adams geht es nicht um einen theoretischen Entwurf im Blick darauf, wie das Zusammenleben in der Familie anhand

der Bibel aussehen müsste. Ihm ist es vielmehr wichtig, dem Leser aufzuzeigen, welche praktischen Schritte man unternehmen kann, um das Familienleben nach dem Willen Gottes zu gestalten. Was müssen wir tun, wenn wir nicht mehr weiterwissen? Was machen wir mit unseren Problemen? Sie sind allseits bekannt: »Wir lieben uns nicht mehr.« – »Sie kann nie pünktlich sein.« – »Er verschweigt mir etwas.« – »Mein Ehepartner ist ungläubig.« – »Wir kommen mit den Kindern nicht zurecht.«
Hier gibt das Buch praktische Antworten. Fragebogen und Tests am Ende der Kapitel fordern auf, das Erkannte in die Praxis umzusetzen und sofort damit zu beginnen.

Für Seelsorger ist dieses Buch eine ideale Hilfe – ungeachtet dessen, ob es sich nun um die ganze Familie oder um einzelne Familienmitglieder handelt. Und weil Vorbeugen besser als Heilen ist, geht es dabei nicht nur um akute Schäden. In der Seelsorge können einzelne Kapitel zur Lektüre und zum Austausch zwischen den Seelsorgegesprächen empfohlen werden. Die Aufgaben am Ende der meisten Kapitel sollten bis zum nächsten Gesprächstermin erledigt werden.

Das Buch ist aber auch eine anregende Lektüre und eine Gesprächsbasis in Hauskreisen und bei Bibelarbeiten in Kleingruppen.

Christsein auch zu Hause

Ist heute, wo alle Werte auf den Kopf gestellt werden, »christliches« Familienleben überhaupt noch eine reale Möglichkeit? Wenn Sie Christ sind, macht Ihnen diese Frage sicherlich zu schaffen. Vielleicht hauptsächlich deswegen, weil Sie sich dessen bewusst sind, dass Ihr eigenes Familienleben die Bezeichnung »christlich« keineswegs verdient. Es geht Ihnen wie vielen anderen Gläubigen. Machen wir uns nichts vor: Die meisten christlichen Familien genügen den biblischen Normen nicht.

Vielleicht sollten wir zunächst fragen, wie ein echtes christliches Zuhause eigentlich aussieht. Ist es ein idyllisches Plätzchen, wo nur Ruhe und Frieden, Freude und Heiterkeit herrschen? Ganz gewiss nicht! Die wichtigste Tatsache, die wir uns auch hinsichtlich einer christlichen Familie vergegenwärtigen müssen, ist der Sachverhalt, dass ihre Glieder Sünder sind.

Die Vorstellung, ein christliches Heim sei ein vollkommener oder wenigstens nahezu vollkommener Ort, ist alles andere als biblisch. Die Eltern versagen – ja, sie versagen oft jämmerlich. Sie versagen aneinander und ihren Kindern gegenüber und ganz gewiss auch gegenüber Gott. Die Kinder versagen ebenfalls. Sie schreiben Fünfen und Sechsen, sind dickköpfig und benehmen sich fast immer daneben, wenn Besuch da ist. Eheleute zanken sich, ärgern sich übereinander, und bisweilen wächst sich das alles zu ernsthaften Auseinandersetzungen aus.

Natürlich ließe sich auch manches Positive erwähnen; es geht mir jedoch darum, zu zeigen, dass die Voraussetzungen bei Ihnen und bei mir zu Hause alles andere als ideal sind.

Mancher fragt jetzt vielleicht, inwieweit sich mein Bild vom christlichen Familienleben überhaupt von demjenigen des Nachbarn, in dessen Haus sich niemand zu Christus bekennt, unterscheidet und warum ich die christliche Familie so negativ beschrieben habe.

Ihnen möchte ich entgegnen, dass uns die Bibel von zwar erlösten, aber doch unvollkommenen Menschen nichts anderes erwarten lässt.

»Aber es muss doch einen Unterschied geben«, wenden Sie ein. Es gibt ihn. Sie werden das bei der Lektüre dieses Buches erkennen.

In einer christlichen Familie leben Menschen zusammen, die sich ihrer Schuld und Sünde bewusst sind, diese Tatsache zugeben und wissen, wie sie ihre Probleme durch die Gnade Gottes bewältigen können.

Christen geben ihre Sünden zu

Das können sie offen tun, weil sie wissen, dass es in diesem Leben keinen vollkommenen Christen geben wird (vgl. 1Jo 1,8-10). Sie lassen sich in diesem Punkt nicht täuschen, sondern lernen mit der Zeit, sich richtig einzuschätzen. Vor allem aber sollten sie niemals zum »moralischen Mäntelchen«, zu Entschuldigungen oder sogar zu Beschuldigungen anderer greifen, um auf diese Weise ihre Fehler zu beschönigen. Sie brauchen nichts zu vertuschen, denn alle Christen wissen, dass alle Christen sündigen.

In den Beziehungen der Christen zueinander, das gilt besonders in der Familie, kann daher ein gewisses Maß an Offenheit, Ehrlichkeit und Unbekümmertheit herrschen. Ich will damit nicht sagen, dass wir Sünden nicht ernst nehmen sollen. Vielmehr geht es mir darum, dass ein Christ sich nicht abmühen muss, die Spuren seiner Schandtaten zu verwischen. Er braucht nicht nach Mitteln und Wegen zu suchen, um vor seinen Nachbarn tadellos dazustehen. Er kennt die Wahrheit, und darum kann er freimütig zugeben, dass er nicht im Einklang mit Gottes Willen gehandelt hat.

Aus dieser Freiheit erwächst die Möglichkeit der Buße, und der Bußwillige kann von Gott und seinem Nächsten Vergebung und Hilfe erwarten. Der Christ kann infolgedessen sündhafte Verhaltensweisen rasch überwinden und seine Zeit und Energie darauf verwenden, sie durch biblische zu ersetzen.

Statt seine Zeit damit zu vergeuden, seine Sünden zu bagatellisieren oder zu leugnen, kann er sich darauf konzentrieren, gegen sie anzugehen.

Eltern können sich sehr viel Kummer ersparen, wenn sie (statt sich ständig über das Verhalten ihrer Kinder zu ärgern) von vornherein damit rechnen, dass sich diese zu Hause, in der Schule und in der Öffentlichkeit einfach nicht mustergültig benehmen werden. Damit entfallen auch die vielen unangemessenen Bestrafungen und übertriebenen Zornesausbrüche. Wenn die Eltern zu der Einsicht gekommen sind, dass die biblische Lehre von der Erbsünde nicht nur in der Theorie richtig ist, sondern deren Auswirkungen auch im Leben der kleinen Annette oder des kleinen Peter zu erkennen sind, können sie den daraus erwachsenden Problemen gelassen gegenüberstehen und sie richtig (d. h. biblisch) angehen. Dies bedeutet nicht, dass sie ein sündhaftes Verhalten bei ihren Kindern entschuldigen, übersehen oder als etwas Unvermeidliches, das man nicht ändern kann, hinnehmen. Nein, durchaus nicht, denn es gilt:

Christen wissen, wie sie sich zu ihren Sünden stellen müssen

Da sie die Bibel als Glaubens- und Verhaltensnorm haben, wissen sie nicht nur, warum in der Familie Probleme auftauchen, sondern auch, wie man sich damit auseinandersetzt. Die echte christliche Familie unterscheidet sich also von der Familie nebenan dadurch, dass sie biblische Richtlinien und Beispiele erfolgreich in die Praxis umsetzt. Die Bibel enthält aber nicht nur Anweisungen, was zu tun ist, wenn ein oder mehrere Familienmitglieder sündigen, sondern sie zeigt darüber hinaus, was wir tun müssen, damit sich Schuld und Versagen nicht ständig wiederholen.

Christen leben mit Jesus Christus

Geistliches Leben schließt geistliches Wachstum ein. Kein Christ kann gestern, heute und morgen derselbe bleiben. Eine der Grundvoraussetzungen des christlichen Glaubens ist, dass der Glaubende »im Glauben wächst«. Das geschieht durch das Gebet und das regelmäßige Lesen des Wortes Gottes, durch das persönliche Zeugnis und die Gemeinschaft mit anderen Christen.

Dieses Buch zeigt aber auch die vielen Möglichkeiten einer christlichen Familie, anhand der Bibel ihr Familienleben von innen her zu gestalten und damit manchen Prüfungen und Problemen zu entgehen, denen ihre Nachbarn hilflos ausgesetzt sind, weil sie sich nicht nach den biblischen Maßstäben richten.

Die christliche Familie ist also der Platz, wo sündige Menschen die Probleme einer sündigen Welt angehen. Sie dürfen sich der göttlichen Hilfsmittel, die alle ihren Ursprung in Christus (vgl. Kol 2,3) haben, bedienen. Die christliche Familie ist eine Familie, die sich der Verheißung bewusst ist, dass Jesus Christus jeden Tag da ist.

Hoffnung für die Familie

Heutzutage ist viel vom Versagen die Rede. Theologen, Soziologen, Psychologen und eine Menge anderer Leute werden nicht müde, lauthals zu verkünden, die Familie habe versagt, das Elternhaus habe versagt, die staatlichen Maßnahmen zur Verbrechensbekämpfung und gegen die Jugendkriminalität hätten versagt, und auch auf die christliche Kirche träfe dies zu. Es ist daher nicht verwunderlich, dass die Christen ebenfalls zu zweifeln beginnen, ob sie wirklich auf eine Lösung ihrer Probleme, auch der familiären, hoffen können.

Wie viele andere in unserer Gesellschaft fragt sich vielleicht auch mancher Christ: »Kann überhaupt noch etwas Sinnvolles getan werden? Haben die Weltprobleme nicht derartige Dimensionen angenommen, dass die Situation einfach hoffnungslos ist?« Leider neigen viele Christen dazu, bereitwillig die Einschätzungen und Prognosen zu akzeptieren, die ihnen die säkularen Medien präsentieren möchten. Vielleicht besteht Ihr Problem zum Teil darin, dass Sie die Hoffnung aufgegeben haben.

Gott redet oft von Sünde, wo wir von »Krankheit« sprechen

Nehmen wir beispielsweise eine Behauptung, die die Welt schon seit Langem an den Mann bringen will und die ihr sogar viele Christen abgekauft haben: die Überzeugung, dass die Mehrzahl unserer Nöte und Misserfolge auf Krankheit zurückzuführen sind. Das Tragische daran ist, dass dort, wo die Welt von »Krankheit« spricht, Gott sehr häufig von »Sünde« redet. So nennt die Bibel unsere Welt z. B. niemals eine »kranke Welt«; dies scheint aber ein Lieblingsausdruck des modernen Menschen zu sein. Ständig ist zu hören: »Die Welt ist krank, unsere Gesellschaft ist krank …« Das ist die moderne Diagnose und Erklärung für die meisten Probleme, vor die wir uns gestellt sehen!

Von Sünde im übertragenen Sinne als von einer »Krankheit« zu sprechen, mag noch angehen. Viele Zeitgenossen benutzen das Wort »Krankheit« aber nicht in übertragener Bedeutung, sondern im wörtlichen Sinne. Man hat ihnen eingeredet, dass alle Nöte und Probleme ihren Ursprung in Krankheiten hätten. So spricht man z. B. ernsthaft von »seelischen Krankheiten«, versteht darunter aber meistens etwas ganz anderes als einen krankhaften Prozess im Organismus, obwohl eigentlich nur körperliche Beschwerden im engeren Sinne als »Krankheiten« bezeichnet werden können. Man benutzt den Begriff der »seelischen Krankheit« bei Schulproblemen, bei Verstehensschwierigkeiten zwischen Eltern und Kindern oder im Blick auf eine zerrüttete Ehe.

Man begeht einen groben Fehler, wenn man die Ursache eines Problems »Krankheit« nennt, obwohl keine krankhaften Veränderungen des Organismus (wie Gehirnschäden, Vergiftungen oder Stoffwechselstörungen) vorliegen. In der modernen Gesellschaft hat es sich eingebürgert, dass man diesen Unterschied weithin übersieht und damit eine Vielzahl von Problemen unter der Kategorie »Krankheit« einordnet.

Die Verwirrung wird noch größer, wenn man seine Probleme zu lösen versucht, ohne sich darum zu kümmern, was Gott dazu zu sagen hat, und dabei tatsächlich (im wörtlichen Sinne) krank wird. So entstehen beispielsweise Magengeschwüre durch Hetze, Lähmungserscheinungen können durch Angst hervorgerufen werden, und Ärger erzeugt Dickdarmentzündungen. Die Krankheit ist in solchen Fällen die *Folge* und nicht die *Ursache* des Problems. Die Ursache ist die Sünde.

Die Probleme sind zu lösen

Wer Schwierigkeiten, die aus Ungehorsam gegenüber den göttlichen Geboten entstanden sind, als »Krankheiten« oder »gefühlsbedingte Probleme« bezeichnet, verharmlost Gottes Wort. Das kann in bester Absicht geschehen (meistens ist das sogar der

Fall). Die Folgen sind jedoch verheerend (wie immer, wenn man Gutes beabsichtigt und sich dabei unbiblischer Grundsätze bedient). Der Gebrauch dieses angeblich milderen, freundlicheren Ausdrucks kommt in Wahrheit einem ausgemachten Schwindel gleich. Sünde eine »Krankheit« zu nennen, zeugt keineswegs von Großmut. Damit nimmt man vielmehr seinem Nächsten den letzten Funken Hoffnung.

Der pauschal als »seelische Krankheit« bezeichnete Zustand ohne organische Veränderung ist unheilbar. Wer Sünde »Krankheit« nennt, raubt daher dem Betroffenen die Hoffnung auf Genesung, denn es ist allgemein bekannt, dass die Ärzte sogenannten »seelischen Krankheiten« ziemlich hilflos gegenüberstehen. Mit Spritzen und Tabletten ist diesem Leiden, wogegen niemand gefeit ist, nicht beizukommen. Doch indem man es beim Namen nennt und als Sünde identifiziert, gibt man dem Christen Hoffnung auf Heilung.

Wenn Sie einem Gläubigen nachweisen können, dass sein Problem aus dem Ungehorsam gegenüber Gottes Geboten resultiert, wecken Sie in dem Betreffenden neue Hoffnung. Ist jemand von einer geheimnisvollen Krankheit betroffen, gegen die weder er selbst noch die Ärzte etwas ausrichten können, bleibt ihm wenig Hoffnung. Diese Erkenntnis stürzt ihn nur noch mehr in Verzweiflung und Schwermut. Sagt man aber einem Christen: »Dein Problem ist deine Sünde«, gibt man ihm Hoffnung, denn er weiß, dass Jesus Christus für die Sünde gestorben ist. Er weiß, dass Christus, der stellvertretend für ihn den Kreuzestod erlitten hat, sich seines Problems annimmt. Außerdem weiß er, dass er im Wort Gottes eine Antwort finden wird.

Man tut ihm also den denkbar größten Gefallen, wenn man Sünde auch als solche bezeichnet. Wer sich ihm gegenüber so verhält, gleicht einem Arzt, der dem Patienten eröffnet, dass er sich operieren lassen muss.

Das Krankheitsklischee aber erzeugt statt Hoffnung nur Verzweiflung. Überdies wohnt ihm die Tendenz inne, das Verantwortungsbewusstsein zu zerstören. Ein Patient sagt: »Ich kann nicht anders; ich bin eben krank.« Diese Haltung verstrickt ihn zwangsläufig noch tiefer in die Sünde. Vielleicht versucht er sogar, sich einzureden, er habe gar nicht gesündigt. Anfänglich wusste er ganz gut, warum es ihm so schlecht geht. Jetzt sagt ihm jeder: »Nein, dafür sind Sie nicht verantwortlich«, oder: »Sie konnten doch nichts dafür!« Andere meinen möglicherweise: »An Ihrer Krankheit sind Ihre Eltern (oder ›die kranke Gesellschaft‹) schuld«, oder: »Ihr persönliches Problem rührt von einem frühen Kindheitserlebnis her«, bzw.: »Sie sind krank und brauchen sich keine Vorwürfe zu machen.«

So beginnt er allmählich, an seiner ursprünglichen Meinung zu zweifeln, um schließlich sein Gewissen zu verhärten und gegenüber dem Wort Gottes abzustumpfen.

Es fällt ihm vielleicht immer schwerer, die Sünde als das zu erkennen, was sie ist. Das kann so lange dauern, bis der Geist Gottes seinem Leben eine Wendung gibt, sei es durch ein Unglück oder eine scheinbar ausweglose Situation. Angesichts seiner Bedrängnis erkennt er dann, dass seine Nöte in Wirklichkeit ihren Ursprung in der Sünde haben.

Es geht in seinem Leben um Buße, um eine einschneidende Sinnesänderung, die nur der Heilige Geist herbeiführen kann. Viel Leid und Schmerz lässt sich abwenden, wenn die Sünde von Anfang an als solche erkannt und beim Namen genannt wird.

Keine Situation ist hoffnungslos

Nach dieser Einleitung wollen wir uns den Problemen zuwenden, mit denen sich heute viele Familien herumschlagen. Die Lage ist nicht hoffnungslos! Die meisten familiären Schwierigkeiten rühren keineswegs von organischen Leiden oder Zuständen her, die man mit Recht als »Krankheiten« bezeichnen könnte. Selbstverständlich kann sich ein organischer Schaden auf das Verhalten auswirken, aber das geschieht verhältnismäßig selten und soll in diesem Buch deshalb unberücksichtigt bleiben. Stattdessen wollen wir uns auf diejenigen Probleme konzentrieren, denen sich

Christen in ihren Familien gegenübersehen, weil sie aufgehört haben, das Familienleben nach biblischen Normen zu führen.

Aber Sie dürfen im Blick auf sich selbst und Ihre Familie Mut fassen. Die Probleme, vor denen Sie stehen, sind zu lösen. Sie dürfen für Ihre Familie, für Ihr Leben und für dasjenige Ihrer Kinder Hoffnung schöpfen. Sie brauchen nicht ständig das Wort »Versagen« im Mund zu führen. Stattdessen dürfen Sie von »Erfolg« sprechen, von einem wirklichen, durchschlagenden und sogar triumphalen Erfolg! Sie haben einen Erlöser, und er hat Ihnen sein Wort und seinen Geist gegeben. Die Bibel enthält die Lösung Ihrer Probleme. Durch die Kraft des Heiligen Geistes können Sie im Einklang mit dem Wort Gottes leben.

Unsere Hoffnung ist keine Illusion. Wegen der Hoffnungslosigkeit, die heutzutage auch unter den Christen zu grassieren scheint, muss man das ganz besonders betonen. Es kommt häufig vor, dass Christen erst zuallerletzt, wenn sie im Grunde kaum noch Hoffnung auf einen Ausweg aus ihren Schwierigkeiten haben, einen Seelsorger aufsuchen. Oft haben sie sich in verschiedener Hinsicht beraten lassen, dies und das gehört bzw. versucht, aber nichts hat geholfen. Immer wieder haben sie neue Hoffnung geschöpft, und stets wurden sie enttäuscht. Wenn sie dann einen christlichen Seelsorger treffen, reagieren die Ratsuchenden oft ziemlich allergisch auf das Wort »Hoffnung«, weil sie nicht wieder, wie schon so oft in ihrem Leben, enttäuscht werden wollen.

Ein Seelsorger hat dafür volles Verständnis; er hat fast ständig mit Leuten zu tun, denen Mut und Hoffnung abhandengekommen sind. Vielleicht geht es Ihnen ebenso. Sie fürchten eine neue Niederlage und sind blockiert von Ihrer Skepsis und Ihren schlechten Erfahrungen. Trotzdem können Sie zuversichtlich sein. Denn dieses Mal geht es um die Hoffnung, die sich auf feste Verheißungen und Richtlinien des Wortes Gottes gründet. Sie können die Lösung Ihrer familiären Schwierigkeiten erwarten, wenn Sie Gottes Gebote beachten. Sie erwidern: »Sie haben gut reden; steckten Sie in meinen Schwierigkeiten, würden Sie vermutlich anders reden, und überhaupt: Warum sollte ich gerade Ihnen vertrauen? Mir wollten schon andere vor Ihnen ihre Version der Hoffnung anbieten. Versprechen Sie nicht zu viel?«

Ich kann sehr gut verstehen, weshalb Sie so ablehnend reagieren, muss aber trotzdem dagegen protestieren, weil Ihre Reaktion die biblischen Realitäten außer Acht lässt. Ich möchte Sie auf eine entscheidende Stelle in der Heiligen Schrift hinweisen: »Keine Versuchung hat euch ergriffen als nur eine menschliche; Gott aber ist treu, der nicht zulassen wird, dass ihr über euer Vermögen versucht werdet, sondern mit der Versuchung auch den Ausgang schaffen wird, sodass ihr sie ertragen könnt« (1Kor 10,13). Dieser Bibelvers beinhaltet ein überreiches Maß an Hoffnung. Paulus fordert hier die Gläubigen geradezu auf, der Hoffnung weiten Raum zu geben.

Verstehen Sie, was Gott den Korinthern versprach? Er sagte zuerst: »Ihr sollt eines wissen: Ich werde nicht von euch verlangen, dass ihr mit irgendeinem übermenschlichen Problem kämpfen müsst.« Ist das nicht wunderbar? Jesus Christus (der »in allem versucht worden ist in gleicher Weise wie wir, ausgenommen die Sünde«[1]) hat Ihr Problem bereits erfolgreich bewältigt. Andere Christen, die sich von seinem Wort leiten ließen und ihm nachfolgten, sind dieses Problem ebenfalls erfolgreich angegangen. Das heißt, dass auch Sie mit Gottes Hilfe damit fertig werden können.

Kein Problem ist einzigartig

Ich bin mir bewusst, dass manche Leute traurig lächeln, wenn man ihnen sagt: »Es gibt keine einmaligen, einzigartigen Probleme.« Und vielleicht erinnern sie an die kulturellen und geo-

---

[1] Vgl. Hebräer 4,15.

grafischen Verschiedenheiten zwischen dem antiken Korinth und der westlichen Welt des 21. Jahrhunderts, und manch einer wird auch auf die Besonderheit seines eigenen Problems hinweisen.

»Mit einem Mann, wie ich ihn habe, hat noch keine Frau zusammenleben müssen«, bekommt man zur Antwort. »Wo gibt es solche Eltern wie meine?«, klagt ein Teenager. »Ach, haben Sie eine Ahnung, Sie kennen meine Tochter nicht!«, seufzen vielleicht auch Sie beim Lesen.

Sieht man von allen Unterschieden ab, die auf den ersten Blick erkennbar sind (und damit natürlich einen ganz persönlichen Charakter tragen), dann ist kein Problem einzigartig. Reduziert man Probleme auf ihren Kern, so sind sie einander sehr ähnlich. Im Grunde gibt es überhaupt kein einmaliges Problem auf der Welt. Die Probleme, die Sie und ich oder auch andere bewältigen müssen, machten Adams Nachkommen immer schon zu schaffen. Es gibt kein Problem, das andere Christen nicht schon unzählige Male erfolgreich in Angriff genommen haben. Woher wissen wir das? Weil Gott es uns sagt. Die genannte Bibelstelle hebt es nachdrücklich hervor (1Kor 10,13).

Auf den ersten Blick erscheint das Leben in der Stadt Korinth grundverschieden von dem Leben, das die Kinder Israel in der Wüste Sinai geführt hatten. Korinth war eine geschäftige Großstadt mit zwei Häfen; hier wurden die weltberühmten korinthischen Spiele abgehalten. Korinth war Umschlagplatz des Handels und Knotenpunkt für Reisen zwischen Spanien, Italien und Sizilien einerseits sowie Kleinasien, Ägypten und dem ganzen übrigen östlichen Mittelmeerraum andererseits.

Daneben war Korinth eine Weltstadt mit den extremsten sozialen Gegensätzen: Zwei Drittel der Bevölkerung waren Sklaven. In den Straßen drängten sich Kaufleute und Großunternehmer, und man kannte nur *eine* Aristokratie, die reiche Oberschicht, und nur *eine* Tradition, das Geldverdienen.

Im engsten Zusammenhang damit stand die Sittenlosigkeit,

die sprichwörtlich war. »Korinther« zu sein, bedeutete, »ein ausschweifendes Leben zu führen«, und eine Frau mit anstößiger Lebensführung nannte man ein »korinthisches Mädchen«.

Ich frage Sie: Gibt es einen krasseren Gegensatz als denjenigen zwischen dem Treiben einer Stadt wie Korinth und der Lebensweise eines Volkes, das durch die Wüste zieht? Man beachte jedoch, was Paulus tat. Er stellte diese beiden offenbar konträren Situationen absichtlich einander gegenüber und sagte: Im Grunde sind sie gleichartig.

Was Hunderte von Jahren vorher den Israeliten passiert war, ist ein ausgezeichnetes Beispiel für die Korinther, denn es zeigt Versuchungen auf, denen beide Personenkreise ausgesetzt waren. Diese Dinge widerfuhren den Wüstenwanderern ebenso wie den Leuten in Korinth, obwohl diese in einem viel späteren Zeitalter lebten (»auf die das Ende der Zeitalter gekommen ist« [1Kor 10,11]).

Auch Sie können ohne Weiteres davon ausgehen, dass das, was den Israeliten und den Korinthern widerfuhr, Musterbeispiele für Sie sind, obwohl Sie im 21. Jahrhundert leben. Nicht nur auf Israeliten und Korinther traf es zu, dass sie »nach bösen Dingen begehrten« (1Kor 10,6). Wir Menschen von heute haben das gleiche Problem.

Die Bibel ist zeitgemäß; sie spricht uns Menschen des 21. Jahrhunderts unmittelbar an. Das hat seinen guten Grund. Vom Beginn der Menschheitsgeschichte an hat es für niemanden jemals ein wirklich einmaliges, einzigartiges Problem gegeben, das er bewältigen musste. Die Menschen aller Epochen sind Gottes Geschöpfe gewesen. Gott ist immer noch derselbe, die Sünde ist immer noch dieselbe, und die Menschen sind in jedem Zeitalter dieselben gewesen.

Die Probleme können vielfältige Formen annehmen, von unterschiedlicher Intensität sein, zu verschiedenen Zeiten auftauchen oder mit anderen Schwierigkeiten zu verschiedenen Kombinationen verflochten sein: Trotzdem sind es im Grunde dieselben Probleme, mit denen sich die Menschen von jeher herumgeschlagen haben, und daran wird sich auch in Zukunft nichts ändern.

Diese Feststellung sollte Sie trösten und Ihnen Hoffnung vermitteln. Die Lösungen, die Gott den Israeliten und den Korinthern schenkte, sind auch Lösungen für die Probleme unserer Zeit.

Wir sprechen heute viel von einer Kluft zwischen den Generationen. In Wirklichkeit handelt es sich aber darum, dass die Probleme der Generationen ineinander übergreifen, und darin besteht die Herausforderung. Früher konnten die Dinge innerhalb einer Generation nur allmählich heranreifen. Zu größeren Veränderungen kam es nur im Laufe von mehreren Menschenaltern. Heute erfolgen sie dagegen viel schneller. Die Nachrichtenübermittlung hat eine solche Geschwindigkeit erreicht, dass wir in derselben Minute, in der ein Astronaut aus seiner Weltraumkapsel steigt und den Mond betritt, davon erfahren; denn durch das Fernsehen sind wir praktisch dabei. Von wichtigen Ereignissen erhalten wir nicht erst nach einigen Tagen Kenntnis, sondern innerhalb von Sekunden. Über ein Problem pflegte man früher ein Menschenalter lang zu diskutieren, heute dagegen ist ein Gedanke schon überholt, ehe er gedruckt wird.

So kommt es, dass die Probleme der einen Generation die Schwierigkeiten der folgenden überlagern. Die uralten Herausforderungen stürmen heute verstärkt und schneller auf uns ein. Die Probleme selbst sind jedoch alles andere als einzigartig; sie erscheinen uns nur so, weil wir ungleich mehr Probleme sehr viel schneller angehen müssen. Das ist unsere Situation.

Die Dinge ändern sich mit einer Schnelligkeit, dass man oft nicht recht weiß, was man festhalten und was man fallen lassen soll. Doch die Probleme unserer Väter werden auch unsere Kinder anpacken müssen, denn sie sind im Grunde die gleichen. Aber Gott in seiner Fürsorge hat uns neue Mittel in die Hand gegeben, mit denen wir die für unsere Zeit typischen Schwierigkeiten meistern können. Dieser neue Aspekt lässt sich durch den richtigen Gebrauch der heutigen Transport- und Kommunikationsmittel, mithilfe von Computern usw. durchaus bewältigen. Der Kern bleibt jedoch gleich. An den prinzipiellen Problemen des Menschen und den grundsätzlichen Lösungen Gottes hat sich nichts geändert.

Das Wichtigste: Offenheit

Gesunde Beziehungen zueinander

Im zweiten Teil des Epheserbriefs erörtert Paulus verschiedene Beziehungen zwischen den Christen. In Kapitel 5 (V. 22ff.) wendet er sich zunächst an die Ehefrauen und danach (V. 25ff.) an ihre Männer. Er beschreibt ihre Hauptaufgaben und ihre Beziehungen zueinander. Im darauffolgenden Kapitel spricht er zuerst zu den Kindern (V. 1ff.) und dann zu ihren Eltern (V. 4). Schließlich erörtert er das Arbeitsverhältnis, indem er sowohl die Arbeitnehmer (V. 5ff.) als auch die Arbeitgeber (V. 9) ermahnt.

Der erste Teil des Epheserbriefs (Kap. 1–3) beschäftigt sich mit Gottes wunderbarem Heilsplan. In einer großartigen Übersicht, die keine Parallele in der Heiligen Schrift hat, legt Paulus dar, wie Gott vom Anfang der Welt an die Erlösung plante und wie dieser Plan in Jesus Christus Wirklichkeit geworden ist. Das Wunder der Liebe Gottes und die Herrlichkeit der Gemeinde der Gläubigen werden lebendig geschildert. Mit Kapitel 4 verlässt Paulus von seinem Schwerpunkt her dann aber Lehre und Lobpreis und wendet sich praktischen Ermahnungen zu, die sich von seiner Ausgangsposition her zwangsläufig ergeben.

Kapitel 4 beginnt mit einer Erörterung des christlichen Wandels, d. h. der täglichen Lebensweise des Christen. Auf der Grundlage des göttlichen Heilsplans schreibt Paulus: »Ich ermahne euch nun ... dass ihr würdig wandelt der Berufung, mit der ihr berufen worden seid« (V. 1). In Vers 17 greift er das Thema wieder auf, indem er Folgendes sagt: Wandelt »nicht mehr ... wie auch die Nationen wandeln« (RELB).

In Kapitel 5 spricht er vom Wandeln »in Liebe« (V. 2) und vom Wandeln »als Kinder des Lichts« (V. 8). Dann schreibt er: »Gebt nun acht, wie ihr sorgfältig wandelt« (V. 15).

Die Erörterung des christlichen Lebens in Kapitel 4 und 5 darf man nicht als Sonderthema auffassen. Vielmehr muss man es als wesentlichen Bestandteil der Darlegung grundlegender christlicher Beziehungen zueinander verstehen. Dieser Wandel ist kein Alleingang, sondern ein Gemeinschaftswerk. Wenn Paulus über die Beziehungen der Christen zueinander spricht, meint er das Verhältnis der Männer zu ihren Ehefrauen, der Kinder zu ihren Eltern sowie der Eltern zu ihren Kindern und der Arbeitgeber zu ihren Arbeitnehmern. Wir sind nicht allein unterwegs. Christus und unsere Glaubensgeschwister begleiten uns.

Kapitel 4, in dem das Thema des christlichen Lebens zur Sprache kommt, verdeutlicht dies nachhaltig. Paulus misst der Einigkeit und der Gemeinschaft in der Liebe große Bedeutung bei. Er drückt es so aus: »Befleißigt euch, die Einheit des Geistes zu bewahren durch das Band des Friedens. Ein Leib und ein Geist ... eine Hoffnung ... ein Herr, ein Glaube, eine Taufe, ein Gott und Vater aller« (V. 3-6; RELB). Das Wichtigste ist die Einheit dahin gehend, dass man in Christi Namen und um seinetwillen zusammenlebt. Der Christ »wandelt« als Glied der Gemeinde, des Leibes Jesu Christi.

In Kapitel 4 erinnert Paulus die Leser an ihre frühere Lebensweise. Er zeichnet das trostlose Bild eines Menschen ohne Gott, um anschließend unmissverständlich darauf hinzuweisen, dass jede echte Bekehrung auch eine Veränderung des Lebenswandels mit sich bringen muss. In Christus hat der Betreffende den »alten Menschen« abgelegt und einen »neuen Menschen« angezogen. Was sich in Christus ereignet hat, muss nun im täglichen Leben erfolgen. Im Grunde sagt Paulus: »Sei (im Alltag), was du (in Christus) bist!«

Auf diesem Hintergrund, mit diesem Motiv und in diesem Rahmen erörtert Paulus grundlegende christliche Beziehungen. Die Beziehungen der Christen zueinander dürfen nicht nur für den Einzelnen Harmonie und Wachstum mit sich bringen, sondern müssen dies auch hinsichtlich der Gemeinschaft der Gläubigen bewirken, sodass diese in ihrer Gesamtheit in die Fülle

Christi hineinwachsen und damit als sein Leib seinen Ruhm, seine Ehre und sein Lob bezeugen.

Dies ist jedoch in erster Linie ein praktischer Abschnitt, der vor allem von Mitteln und Wegen handelt. Wie kann ein Christ in seinen Beziehungen zu anderen wachsen?

Paulus hebt zuallererst hervor, dass eine lebendige Kommunikation im biblischen Sinne notwendig ist, um gesunde Beziehungen schaffen und aufrechterhalten zu können. Ohne Kommunikation ist kein intaktes Verhältnis zwischen Ehegatten möglich. Von der Kommunikation hängt das gesunde Verhältnis zwischen Eltern und Kindern ab. Arbeitgeber und Arbeitnehmer müssen, um miteinander auszukommen, zuerst lernen, was Kommunikation bedeutet. Hier liegt der Grund dafür, dass sich der Apostel nach den Ermahnungen, Gottes Wesen im täglichen Leben widerzuspiegeln, der Kommunikation zuwendet. Es geht also um das, was wir im Miteinander sagen und weitergeben.

Kommunikation heißt, die Wahrheit zu reden

Paulus beginnt in Vers 25 mit einer Analyse der Kommunikation. Er mahnt: »Deshalb, da ihr die Lüge abgelegt habt, redet Wahrheit, jeder mit seinem Nächsten, denn wir sind Glieder voneinander.«

Christen können nur auf der Grundlage der Ehrlichkeit, Aufrichtigkeit und Wahrheit miteinander leben. Als Glieder eines Leibes brauchen wir für unsere gemeinsame Arbeit die Wahrhaftigkeit. Das ist der Grundgedanke.

Die Wahrheit in der Familie

Die Kommunikation ist für eine christliche Familie von grundlegender Bedeutung, denn sie ist das einzige Mittel, wodurch eine Mann-Frau-Beziehung und Eltern-Kind-Beziehung geschaffen wird, wächst und aufrechterhalten werden kann. Eine christliche Familie, wie Paulus sie beschreibt, ist ohne echte Kommunikation undenkbar.

Ein Missionar und seine Frau kehrten von ihrer Arbeit in der Außenmission zurück. Die Frau litt seit einiger Zeit an schweren Depressionen, und in der Heimat suchte sie ein Jahr lang bei einem Psychiater Heilung, der sie und auch ihren Mann in Einzelsitzungen behandelte; aber eine Besserung ihres Zustandes stellte sich nicht ein.

Irgendjemand wies sie auf unser Seelsorgezentrum hin, sodass sie und ihr Mann sich auf den Weg zu uns machten (wir bestanden darauf, dass sie beide gemeinsam kamen). Als wir anfingen, uns mit ihnen zu unterhalten, wandte sie sich plötzlich an ihren Mann und sagte: »Mein Problem besteht darin, dass ich dich nicht liebte, als wir heirateten. Ich habe dich nie geliebt, aber ich habe das bisher immer für mich behalten.«

Dieser Missionar und seine Frau sind inzwischen wieder im Ausland tätig – und sie lieben sich. Sie liebt ihn, und er liebt sie noch mehr als zuvor. Sie hatte ein Problem, aber ihr war nicht zu helfen, weil sie es »immer für sich behalten hatte«. Sie wusste nicht, wie sie damit fertig werden sollte, und niemand konnte einen entsprechenden Rat geben, auch ihr Mann nicht.

Indem sie ihr Problem aussprach, wurde es lösbar. Das Leben dieser Frau war bis zu diesem Zeitpunkt eine elende, heuchlerische Komödie gewesen. Die Missionsarbeit hatte darunter gelitten, sie und auch ihr Mann hatten gelitten – und zwar nur, weil es an richtiger Kommunikation fehlte. Sie quälte sich jahraus, jahrein: »Hätte ich doch nur jemanden anders geheiratet! Dann brauchte ich nicht hier mit ihm im Urwald zu sitzen und könnte ein ganz anderes Leben führen.«

Als Folge ihres ständigen Selbstmitleids bekam sie jedoch immer häufiger Depressionszustände, sodass ihr Mann zwangsläufig seine Arbeit vernachlässigte und schließlich in die Heimat zurückkehren musste. Eine Befreiung aus diesem Dilemma wurde erst möglich, als sie endlich die Wahrheit bekannte. Und ihre Ehe wurde auf der Grundlage biblischer Liebe wiederhergestellt.

Herr und Frau M. waren zu einem seelsorgerlichen Gespräch erschienen, das sie voller Bitterkeit eröffnete: »Ich weiß genau, dass mein Mann mich hintergeht; er hat einen großen Teil seines Überstundenlohns für sich behalten. Ich will wissen, was er damit gemacht hat.« Sie hatte sich das seit fünf Monaten eingeredet und schon an Scheidung gedacht.

Der Seelsorger wandte sich an ihren Mann: »Herr M., wo ist das Geld geblieben? Haben Sie es wirklich beiseitegeschafft?« Herr M. zog seine Brieftasche hervor, fasste in ein verborgenes Fach und antwortete, indem er das Geld herausnahm und auf den Tisch knallte: »Alles da! Ich wollte meiner Frau damit zu unserem Hochzeitstag ein Geschenk kaufen.«

Auch in dieser Ehe fehlte es an der nötigen Kommunikation. Wegen eines totalen Missverständnisses war Frau M. bereit gewesen, sich von ihrem Mann scheiden zu lassen. Sie hatte ihre Sorge um das Geld bis dahin für sich behalten. Dieses Problem hätte sich zweifellos gar nicht entwickeln können, wenn es vorher nicht schon ähnliche Missverständnisse gegeben hätte. Die Kommunikation zwischen beiden Ehepartnern war derart miserabel gewesen, dass sie einander misstrauten.

Herr B. kam allein zur seelsorgerlichen Beratung. Er hatte jede Unterhaltung mit unserer Sekretärin abgelehnt und sich auch geweigert, vor der Beratung die Fragen auf dem bei uns üblichen Personalblatt zu beantworten. Während der ersten Hälfte der Sitzung war ihm kein einziges Wort zu entlocken. Schließlich gab ihm der Seelsorger zu verstehen: »Manch anderer, der Rat und Hilfe braucht, wäre dankbar, wenn er an Ihrer Stelle dran käme. Nur wenn Sie ernsthaft Gottes Hilfe suchen, können wir uns Zeit für Sie nehmen. Wollen Sie nun mit der Sprache heraus?«

Daraufhin machte er endlich den Mund auf: »Man hat mich mit Schocks behandelt, und ich bin in einer psychiatrischen Klinik gewesen. Ich hatte Depressionen und bin entmutigt. Alles Mögliche soll mit mir nicht in Ordnung sein, aber in Wirklichkeit ist nur eins nicht in Ordnung, und ich weiß ganz genau, was das ist. Ich quäle mich seit 22 Jahren damit herum und habe noch mit keinem Menschen darüber gesprochen: Als ich heiratete, geschah das nicht auf meinen Wunsch hin. Meine Mutter bestand darauf; das ist der einzige Grund, weshalb ich mit meiner Frau die Ehe einging. Seither bin ich nicht einen Tag mehr glücklich gewesen.«

Jedes Mal, wenn er das Badezimmer betrat und feststellte, dass die Zahnpastatube ohne Verschluss dalag oder in der Mitte zusammengedrückt war, packte ihn die Wut. Entweder bekam er einen Tobsuchtsanfall oder Depressionen. Er dachte dann nicht: »Die Zahnpastatube ist in der Mitte zusammengedrückt«, oder: »Die Tube ist nicht verschlossen!« Vielmehr grollte er: »Schon wieder dieses Weib!«

In Dutzenden von ähnlichen kleinen Begebenheiten kam sein Ärger gegenüber seiner Frau und der Tatsache zum Ausdruck, dass er diese Ehe eingegangen war.

Der Seelsorger erklärte ihm, dass Wahrhaftigkeit die Voraussetzung für ein glückliches und harmonisches Familienleben ist, und riet ihm, seiner Frau die Wahrheit zu sagen. Anschließend schickte er ihn mit der Anweisung nach Hause, ein offenes Gespräch mit seiner Frau zu führen. »Kommen Sie nicht eher wieder, bis Sie mit ihr gesprochen haben«, schärfte er ihm ein.

Das zweite Mal kam er nicht allein. Seine Frau begleitete ihn. Das Problem wurde gemeinsam angepackt, und drei Wochen später konnten die beiden aus der Beratung entlassen werden. Sie machten jetzt den Eindruck eines jungverheirateten Paares. Nachdem die Wahrheit heraus war und sie – nach dem ersten Schock – angefangen hatten, sich nach Gottes Geboten zu richten, war für sie eine gänzlich neue Lage entstanden. Ihre Ehe war auf Unwahrhaftigkeit aufgebaut. Allein im Aussprechen der Wahrheit war ihnen geholfen worden.

Vielleicht ähneln Sie Herrn B. Vielleicht behalten auch Sie manche Dinge für sich. Ob das der Fall ist, wissen Sie selbst. Aber Sie wissen auch, dass es ungelöste Fragen gibt, die eine echte Kommunikation zwischen Ihnen und Ihrer Familie verhindern. Mag sein, dass zwischen Ihnen und Ihren Eltern etwas ist, zwischen Ihnen und Ihrer Frau, zwischen Ihnen und Ihrem Mann oder zwischen Ihnen und Ihren Kindern. Eiserne Keile sind zwischen Sie und Ihre Lieben getrieben worden, und viele davon haben im Laufe der Zeit Rost angesetzt. Niemand hat bisher etwas dagegen unternommen, und vielleicht haben Sie gemeint, das sei sowieso sinnlos. Aber wie können Sie erwarten, eine gute Ehe führen zu können, wenn Lügen die Kommunikation im Grunde unmöglich machen? Wenn Sie es jedoch mit Gott ernst meinen, ist eine harmonische Ehe keine Illusion, wirklich nicht! Ausgangsposition für Ihre Ehe sollte aber Epheser 4,25 sein: »Deshalb, da ihr die Lüge abgelegt habt, redet Wahrheit, jeder mit seinem Nächsten; denn wir sind Glieder voneinander.«

Vom Zorn und Groll

Womit sollen Sie anfangen? Damit, dass Sie Gott und Ihren Nächsten die Wahrheit sagen. Und dann schauen Sie sich den nächsten Vers an: »Zürnt, und sündigt nicht. Die Sonne gehe nicht unter über eurem Zorn« (Eph 4,26). Dies ist ein Zitat aus Psalm 4, einem Abendgebet. Dieser Psalm sollte daran erinnern, dass man, bevor es Nacht wird, sein Herz von jeder Bitterkeit und allem Zorn frei macht und nichts Unvergebenes oder Unerledigtes mit in den nächsten Tag nehmen soll.

Alle zwischenmenschlichen Probleme müssen noch am selben Tag bereinigt werden, damit sie sich nicht auftürmen und auf andere Gebiete übergreifen. Zorn ist nicht unbedingt Ausdruck einer Sünde, aber es gilt: »Die Sonne gehe nicht unter über eurem Zorn«, sagt Paulus. Was den Zorn anbelangt, ist es falsch, ihm freien Lauf zu lassen. Genauso falsch ist es, ihn in sich hineinzufressen. Zorn kann, wie die Sprüche immer wieder betonen, zur Sünde werden, wenn man ihn herauslässt (Spr 25,28; 29,11.22). Mancher wäre überrascht, wenn er wüsste, wie viele christliche Familien unter den üblen Folgen von Wutausbrüchen leiden.

Es gibt Psychologen, die schreiben dem Abreagieren eine therapeutische Wirkung zu. So werden die Teilnehmer an gruppentherapeutischen Sitzungen dazu angehalten, ihrer Wut und ihren Feindseligkeiten freien Lauf zu lassen. Man sagt dem Hilfesuchenden: »Wonach Ihnen hier und jetzt der Sinn steht – tun Sie es; immer heraus damit! Brüllen Sie Ihr Gegenüber an, ziehen Sie den Betreffenden aus bis aufs Hemd, machen Sie ihn fertig! Schlagen Sie auf das Kissen ein, wenn Sie sich dabei Ihre Mutter vorstellen; hauen Sie drauf, bis die Federn fliegen!«

Bei solchen Ratschlägen spielen offenbar immer nur die Gefühle des einen eine Rolle; diejenigen, an dem er seine Wut auslassen soll, dagegen keine. Der andere zählt nicht; nicht er, sondern der Ratsuchende soll sich – auf Kosten seines Gegenübers – schließlich besser fühlen.

Ein solches Verhalten ist alles andere als christlich. So schreibt Paulus im Römerbrief (Kap. 15,1-2): »Wir aber ... sind schuldig ... nicht uns selbst zu gefallen. Jeder von uns gefalle dem Nächsten zum Guten, zur Erbauung« (vgl. dazu Eph 4,31-32). Das Buch der Sprüche vergleicht einen Mann, der seinem Zorn freien Lauf lässt, mit einer Stadt ohne Schutzmauer.

Dies ist das eine Extrem: Abreagieren. Es ist unchristlich, da gibt es keinen Zweifel.

Das andere Extrem wird in Kapitel 4 des Epheserbriefs erwähnt. Dort mahnt Paulus diejenigen, die ihren Groll und Ärger gegen einen anderen 22 Jahre oder 2 Jahre bzw. 2 Tage in sich hineinfressen, ihr Verhalten zu ändern.

Täglich begegnet man Christen, die sich mit diesem Problem herumschlagen. Es ist daher nicht verwunderlich, dass es im Epheserbrief als Grundproblem genannt wird, wenn es um das Verhältnis zwischen Mann und Frau geht. Wer seinen Groll mit sich herumschleppt, sündigt genauso wie derjenige, der ihn hemmungslos herauslässt.

Mancher Ratsuchende wartet nicht nur bis zum Sonnenuntergang, sondern mitunter viele Monate, bis er die Möglichkeit zur Versöhnung sucht und den Zorn hinter sich lässt.

Herr und Frau L. kamen zur Beratung. Sie saß herausfordernd mit verschränkten Armen da, während er nervös auf seinem Stuhl hin und her rutschte. Noch ehe einer von beiden den Mund aufmachte, konnte man erkennen, was in ihnen vorging.

Sie eröffnete das Gespräch mit folgenden Worten: »Ich bin auf Empfehlung meines Arztes hier. Er hat mir gesagt, ich sei organisch völlig gesund, aber ich bekäme ein Magengeschwür, und das aus nervlichen Gründen.«

Ihr Mann saß zusammengekauert und mit gesenktem Kopf da. Sie fasste in eine Art Einkaufstasche und zog ein maschinegeschriebenes Manuskript heraus, das mindestens drei Zentimeter dick war (alle Blätter waren einzeilig und beidseitig beschrieben). Mit den Worten: »Deshalb bekomme ich ein Magengeschwür!«, legte sie es auf den Schreibtisch des Seelsorgers.

»Ist das ein Grund?«, fragte dieser und warf einen Blick hinein. Selbst wenn er gewollt hätte, hätte er zur Lektüre mindestens einen Monat gebraucht. An einigen Stichproben erkannte er jedoch sofort, worum es sich handelte. Es war ein seit 13 Jahren geführtes Verzeichnis aller Kränkungen, die Herr L. seiner Frau zugefügt hatte. Sie waren lückenlos aufgeführt und katalogisiert.

Nun, was hätten Sie daraufhin gesagt?

Der Seelsorger sah Frau L. an und sagte: »Ein Mensch, der derart nachtragend ist wie Sie, ist mir schon seit Jahren nicht mehr begegnet.«

Sie lehnte sich ein wenig zurück, und Herr L. richtete sich etwas auf.

Der Seelsorger fuhr fort: »Diese Liste führt nicht nur alle Kränkungen auf, die Ihr Mann Ihnen zugefügt hat, sondern auch Ihre Stellung dazu. In diesem Sinne ist sie ein Verzeichnis

Ihrer Sünde gegen ihn, Ihrer Sünde gegen Gott und Ihrer Sünde gegen Ihren eigenen Leib. Sie können dies nicht leugnen; denn es steht schwarz auf weiß von Ihnen geschrieben da. Die Niederschrift Ihrer Bitterkeit zeigt, dass Ihre Haltung im Widerspruch zu 1. Korinther 13,5 steht, wo die Heilige Schrift sagt, dass die Liebe das Böse nicht zurechnet.«

Erst jetzt war eine Grundlage geschaffen, auf der die Probleme angegangen werden konnten. Gewiss musste Herr L. sich in Zukunft in vielen Dingen seiner Frau gegenüber anders verhalten, doch auch sie musste es sich abgewöhnen, so wie bisher auf seine Fehler zu reagieren, indem sie einsah, dass ihr Verhalten in der Vergangenheit falsch gewesen war.

Sie sind dran!

In den meisten Fällen von Ehezerrüttung beschuldigen die Männer ihre Frauen, und die Frauen klagen ihre Männer an. Gewöhnlich haben beide sehr viel Schuld auf sich geladen. Mit gegenseitigen Vorwürfen kommt man jedoch nicht weiter. Stattdessen sollten sich Männer und Frauen zuallererst an die eigene Brust schlagen, wenn sie ihre Probleme lösen wollen. Die Heilige Schrift spricht in Matthäus 7,3-5 davon. In Vers 5 heißt es: »Zieh zuerst den Balken aus deinem Auge heraus, und dann wirst du klar sehen, um den Splitter aus dem Auge deines Bruders herauszuziehen.« Aber genau das tun viele nicht. Sie greifen einander so an:

So ist keine Kommunikation der beiden miteinander möglich. Wie erreicht man nun, dass sie sich verständigen können? Indem sie zusammen die gleiche Richtung einschlagen und vereint auf das gleiche Ziel hinarbeiten:

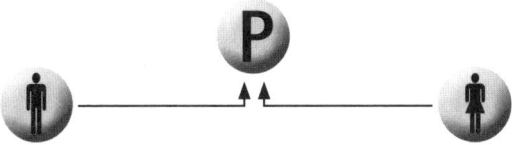

Wie sorgt man dafür, dass man nicht Personen angreift, sondern das eigentliche Problem angeht? Wie können zerstrittene Ehegatten damit anfangen, ihre Energie der schriftgemäßen Lösung von Problemen zuzuwenden, statt damit fortzufahren, durch destruktives Verhalten sich selbst zugrunde zu richten und ihre Ehe zu zerreißen? Das ist die Frage. Die Antwort lautet: durch echte Kommunikation. Eine andere Antwort gibt es nicht. Sie müssen als Erstes dafür sorgen, dass beide Pfeile in die gleiche Richtung weisen. Jeder kann dies tun, indem er zunächst auf sich selbst weist:

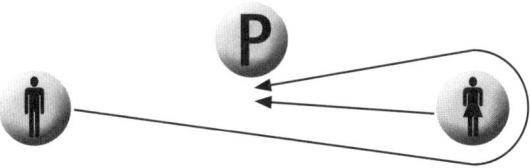

Der andere Pfeil weist bereits auf Sie, sodass Sie nur dasselbe zu tun brauchen. Zum ersten Mal seit Langem werden beide Pfeile in die gleiche Richtung weisen. Damit kommt es letztlich auch zur Lösung des Problems, weil dessen Ursache beseitigt ist.

Es ist wirklich erstaunlich, wie rasch und in welchem Ausmaß man die Zustimmung eines anderen erhält, wenn man nur als Erster zu ihm sagt: »Ich habe dir Unrecht getan.« Man sollte ihm das aber auch konkret erklären und ihn aufrichtig um Verzeihung bitten. Hier muss die Versöhnung einsetzen.

Ehe Sie nicht Ihre eigene Mülltonne vollständig entleert haben, sollten Sie nie als Erstes den Deckel vom Abfalleimer Ihres Nächsten heben. Damit fängt Kommunikation an.

Haben Sie Kommunikationsschwierigkeiten in Ihrer Familie? Vielleicht hat es diese Woche wieder eine Szene gegeben, möglicherweise sogar heute. Etwa mit Ihrer Schwiegermutter? Mit Ihrer Schwiegertochter? Nebenbei gesagt, es sind nicht der Ehemann und seine Schwiegermutter, die die meisten Schwierigkeiten miteinander haben, obwohl die Karikaturisten dieses Verhältnis am häufigsten aufs Korn nehmen. Fast jeder Seelsorger wird bestätigen, dass die meisten Probleme zwischen den beiden Frauen entstehen. Die Konflikte in dieser Beziehung können derart bitter werden und solch katastrophale Ausmaße annehmen, dass es niemand wagen sollte, darüber Witze zu machen.

Vielleicht haben Sie mit Ihren Eltern Schwierigkeiten. Oder zwischen Ihnen und Ihrem Kind stimmt etwas nicht. Ist es Ihr Mann, ein Freund, ein Gemeindeglied oder ein Nachbar, mit dem Sie auf Kriegsfuß leben? Oder Ihre Frau? Hören Sie! Sie müssen sich mit ihm bzw. mit ihr in Verbindung setzen!

Wenn Sie sich auch über kein anderes Thema mit dem bzw. der Betreffenden unterhalten können, ein Thema gibt es gewiss: das Unrecht, das Sie dem anderen zugefügt haben. Wenn Sie meinen, Sie haben ihm nie etwas zuleide getan (Sie sollen selbstverständlich nichts an den Haaren herbeiziehen), dann lassen Sie sich sagen, dass Sie wahrscheinlich doch eines falsch gemacht haben: Ich meine die mangelnde Bereitschaft, sich mit dem Nächsten zu versöhnen. Damit haben Sie ihm ein Unrecht zugefügt.

Nur wenige Dinge unterhöhlen die Kraft der Gemeinde Jesu Christi mehr als die Unversöhnlichkeit der Gläubigen. So viele sind mit bitterem Groll erfüllt und damit wie durch eine Mauer von anderen Christen getrennt. Weil sie nicht einer Meinung sind, können sie nicht zusammengehen. Während sie Seite an Seite durch die Welt marschieren und Menschen für Jesus Christus gewinnen sollten, führen sie sich stattdessen wie ein in die Flucht geschlagenes Heer auf, dessen zersprengte Soldaten in ihrer Verwirrung begonnen haben, sich gegenseitig niederzumachen.

Nichts nimmt der Gemeinde Jesu Christi so sehr die Kraft wie ungelöste Probleme und unerledigter Kleinkram zwischen den Christen. Dafür gibt es keine Entschuldigung, denn die Bibel zeigt, dass Gott keinen unerledigten Kleinkram will.

In Matthäus 5,23-24 geht es Jesus um Folgendes: Wenn wir unsere Opfergaben zum Altar bringen, uns dort aber erinnern, dass jemand etwas gegen uns hat, sollen wir unsere Gabe vor dem Altar lassen und zuvor hingehen und uns mit unserem Bruder versöhnen (Versöhnung hat den Vorrang vor dem Gottesdienst). Dann sollen wir wiederkommen und unsere Gabe opfern.

Darin zeigt sich, wie wichtig es ist, Differenzen zu bereinigen. Das muss sofort geschehen; schieben Sie so etwas nicht auf: »Die Sonne gehe nicht unter über eurem Zorn« (Eph 4,26).

Männer und Frauen klagen oft über sexuelle Schwierigkeiten in der Ehe. Doch es sind gewöhnlich nicht die sexuellen Beziehungen, die ihnen Probleme bereiten; die wirklichen Schwierigkeiten abends im Schlafzimmer ergeben sich aus der Tatsache, dass so viele Probleme unbereinigt geblieben sind – Probleme, die vor dem Zubettgehen hätten gelöst werden sollen.

In Matthäus 18,15-17 sagt Jesus auch etwas über die andere Seite der Sache. Hat jemand uns Unrecht getan, dann müssen wir zu ihm gehen. Sie müssen sich um die Rückgewinnung Ihres Bruders und die Wiederherstellung Ihres Verhältnisses zu ihm bemühen, sodass Sie wieder mit ihm als Bruder zusammen sein und miteinander sprechen können. Denn Jesus will nicht, dass seine Jünger in Unversöhnlichkeit verharren.

In Matthäus 5 geht es nach Jesu Worten darum, dass ein anderer meint, Sie hätten ihm Unrecht getan. Dann müssen Sie zu ihm gehen. In Matthäus 18 sagt er, dass Sie zu ihm gehen müssen, wenn der andere Ihnen ein Unrecht zugefügt hat. Sie sollen also nie warten, bis Ihr Bruder zu Ihnen kommt. Jesus lässt das nicht zu. Immer haben *Sie* die Verpflichtung, den Bruder aufzusuchen. Im Idealfall sollten zwei Gläubige, die über irgendetwas in Streit gerieten und im Zorn auseinandergingen, sich als Versöhnungswillige auf halbem Weg treffen, sobald der Zorn verraucht ist.

Auf dem Laufenden bleiben!

Tag für Tag, Woche für Woche sollten Christen die vielen zwischenmenschlichen Probleme auf diese Weise lösen, damit sie sich nicht aufstauen. Das ist vor allem in der christlichen Familie notwendig, wo die engsten menschlichen Beziehungen bestehen und wo wir als Sünder tagaus, tagein aneinandergeraten. Wie falsch gesteuerte Autos stoßen wir zusammen, drücken einander die Kotflügel ein, demolieren uns gegenseitig die Scheinwerfer und fahren auf unseren Vordermann auf. Wie wichtig ist es also, die Dynamik christlicher Versöhnung in der Familie zu begreifen und zu praktizieren! Die Dinge müssen bereinigt werden; wir dürfen sie nicht ignorieren – auch wenn es sich nur um einen Kratzer im Lack handelt.

Jesus hat einmal im Blick auf die Zukunft gesagt: »Der morgige Tag wird für sich selbst sorgen« (Mt 6,34). Über das Morgen sollen Sie sich keine Sorgen machen. Die Schultern eines Menschen sind gerade so breit, dass sie die Last eines Tages tragen können.

Wenn das hinsichtlich der Zukunft gilt, so auch in Bezug auf die Vergangenheit. Schleppen Sie die ungelösten Probleme eines ganzen Lebens mit sich herum, können Sie unmöglich ein glückliches und harmonisches Familienleben führen. Sie können dann nicht mehr gerade gehen, und mit einer solchen Last auf dem Buckel kann man dem Auftrag des Herrn kaum gerecht werden.

Der morgige Tag wird für sich selbst sorgen. Nimm dein Kreuz täglich auf dich, hat der Herr Jesus gesagt.[2] Das bedeutet: Nehmen Sie jeden Tag in Anspruch, dass das Ich, das in Ihnen ist, gekreuzigt worden ist!

Wenn Sie das tun, werden Sie die Dinge nicht treiben lassen! Gibt es jemanden, mit dem Sie Schwierigkeiten haben oder der mit Ihnen Schwierigkeiten hat, so bringen Sie die Angelegenheit ins Reine, ehe der heutige Tag vorüber ist. Schreiben Sie eine Mail o. dgl., rufen Sie an oder suchen Sie ihn womöglich auf. Setzen Sie sich zusammen und regeln Sie die Sache noch vor dem Schlafengehen, wenn es sich um eine innerfamiliäre Angelegenheit handelt.

Positives reden

Wenn Sie eine Beziehung wiederhergestellt und einander (sowie selbstverständlich Gott gegenüber) Ihre Sünden bekannt und um Vergebung gebeten haben, so sind Sie noch nicht am Ende, sondern Sie stehen erst am Anfang. Sie haben erst den Schutt der Vergangenheit weggeräumt. Nun sind Sie endlich so weit, dass Sie Ihre Angelegenheiten täglich regeln können. Sie dürfen es nie mehr zulassen, dass sie sich aufstauen. Das heißt, dass Sie Ihre Beziehungen auf eine neue Grundlage stellen müssen.

Paulus fährt fort: »Kein faules Wort gehe aus eurem Mund hervor, sondern was irgend gut ist zur notwendigen Erbauung, damit es den Hörenden Gnade darreiche« (Eph 4,29). Daraus können Sie ersehen, wie Sie von nun an miteinander umgehen müssen. Dies ist das Muster für alle zwischenmenschlichen Beziehungen.

Was will Paulus damit sagen? Wenn er von »faulen« Worten spricht, meint er nicht Zotenreißerei. Natürlich versteht er auch das darunter, aber keineswegs ausschließlich. Er meint nämlich

---

2 Vgl. Lukas 9,23.

im Grunde jedes Wort, das einen anderen herabsetzt bzw. ihn, wie man heute sagt, »fertigmacht«.

Ein Christ sollte niemals Worte (Gottes großes Geschenk, das Kommunikation ermöglicht) dazu gebrauchen, einen anderen fertigzumachen. Was Paulus verurteilt, ist die systematische Herabsetzung und Vernichtung eines anderen mit Worten.

Nicht nur junge Leute, sondern auch Ältere missbrauchen die Sprache auf diese Weise. Kürzlich versuchten zwei Eheleute, bei einem Seelsorgegespräch ihrem Herzen Luft zu machen. Kein Wort kam aus ihrem Mund, das nicht eine Unfreundlichkeit oder eine sarkastische Bemerkung über den Partner enthielt.

Ein Seelsorger darf eine solche Verletzung des göttlichen Willens nicht zulassen. Die Heilige Schrift sagt, dass eine salzige Quelle kein süßes Wasser hervorbringen kann.[3] Ein Christ darf nicht den Namen Jesu Christi in den Mund nehmen und zugleich die Gabe der Sprache dazu missbrauchen, einen anderen Menschen zu kränken und herabzuwürdigen.

Im Epheserbrief zeigt Paulus, wie wir unsere Worte besser gebrauchen können. Statt unsere Energie darauf zu verwenden, andere mit Worten »fertigzumachen«, sollten wir diese gebrauchen, um den anderen aufzubauen.

Wenn unsere Worte weniger an die Person als auf das Problem gerichtet sind, wirken sie aufbauend, indem sie dem anderen helfen, seine Probleme zu bewältigen. Anstatt mit Worten anzugreifen, soll ein Christ seine gesamte Energie, einschließlich seiner Worte, auf das Problem konzentrieren, um es auf Gottes Weise anzugehen.

Ein Ehepaar kam mit einem solchen Kommunikationsproblem zum Seelsorger. Herr und Frau E. redeten derart geringschätzig voneinander, dass eine Lösung ihrer Schwierigkeiten nur möglich war, wenn sie ihre Haltung grundlegend änderten. Bei

---

3 Vgl. Jakobus 3,12.

jedem Streit geht es nämlich gewöhnlich mindestens um zwei Probleme. Da geht es zum einen um die Streitfrage und zum anderen um die Einstellung der Streitenden zueinander.

Als Herr E. zum ersten Mal anrief, um einen Termin zu verabreden, sagte er: »Ich habe ein Problem; es ist ziemlich heikel.« Als er erklärte, warum es zwischen ihm und seiner Frau zu Streitigkeiten gekommen sei, zeigte sich, dass der Grund eine sehr verzwickte Frage war, die scheinbar nur sehr schwer zu lösen war.

Er fuhr fort: »Ich habe mit meinem Pastor gesprochen, und er ist der gleichen Meinung wie ich. Meine Frau hat mit unserem Arzt (einem Christen) gesprochen, und er stimmt mit ihr überein. Wir kommen also so nicht weiter. Der Pastor hat mir vorgeschlagen, mit Ihnen zu sprechen; aber Sie werden ebenfalls für einen von uns beiden Partei ergreifen; es hat also wenig Sinn, dass wir Sie aufsuchen.«

»Nun«, gab der Seelsorger zur Antwort, »wenn Sie schon im Voraus wissen, wie die Angelegenheit auslaufen wird, hat es tatsächlich wenig Sinn, dass Sie zu mir kommen, aber falls Sie kommen und mir erzählen wollen, worum es sich handelt, so sollen Sie wissen, dass ich weder für Sie noch für Ihre Frau, sondern allein für Gott Partei ergreifen werde.«

Sie kamen dann beide, und in den ersten Minuten schnitten sie sich gegenseitig die Worte ab. Der Seelsorger beendete dieses Duell sehr schnell: »Sie haben angeblich wegen dieser Frage Auseinandersetzungen, aber darum geht es gar nicht in erster Linie. Sie werden diese oder irgendeine andere Frage niemals lösen, ehe Sie nicht zuvor Ihre Einstellung zueinander in Ordnung gebracht haben. Sie bekennen sich zwar beide zum christlichen Glauben, aber Ihre augenblickliche Haltung spricht diesem Bekenntnis Hohn. Ihr Pastor und auch Ihr Arzt mögen die Angelegenheit für Sie entschieden haben, ich werde jedoch nichts dergleichen tun. Sie werden diese Entscheidung selbst treffen, und indem Sie das tun, werden Sie lernen, wie Sie miteinander sprechen müssen. Sie sollen auch wissen, dass wir gewöhnlich mit niemandem länger als zwölf Wochen arbeiten. Bei den meisten dauert es acht

Wochen. Ich erwarte von Ihnen, dass Sie Ihr Problem ebenfalls in acht Wochen gelöst haben. Wir fangen mit Ihrem Verhalten zueinander an.«

Herr und Frau E. lebten zu dieser Zeit getrennt. Er war ausgezogen. »Als Erstes«, forderte der Seelsorger, »werden Sie beide wieder zusammenziehen. Man kann nicht zwei Menschen zusammenbringen, indem man sie voneinander trennt. 1. Korinther 7 sagt, dass sich beide versöhnen müssen. Noch in dieser Woche werden Sie Folgendes tun …«

Damit waren sie einverstanden. Sie machten sich an die Arbeit. Zuerst baten sie Gott und einander um Vergebung und erhielten sie. Dann setzten sie sich ernsthaft mit dem Problem der Kommunikation auseinander. Die Streitfrage selbst wurde bis auf Weiteres zurückgestellt. Nachdem andere Dinge geregelt waren, sie ihre Einstellung zueinander bereinigt hatten und ihre Ehe wirklich wieder Gestalt gewann, wurden sie aufgefordert, ihre Streitfrage zu erörtern.

Herr und Frau E. gingen jetzt ihr Problem gemeinsam an. In den vorhergehenden Wochen hatten sie entdeckt, wie man Worte gebrauchen muss, um Probleme auf biblische Weise zu lösen. Sie gaben sich wirklich große Mühe, und bei der elften Sitzung verkündeten sie: »Wir haben unser Problem gelöst!« Das war tatsächlich der Fall. Der Grund, warum sie es früher nicht gekonnt hatten, bestand darin, dass sie unfähig gewesen waren, miteinander so umzugehen, wie es Christen geboten ist. Sie hatten Worte dazu benutzt, einander fertigzumachen, und ihre ganze Kraft darauf konzentriert, über den anderen zu siegen. Als sie bußfertig anfingen, Probleme mit Worten anzugehen, statt aufeinander mit Worten einzuschlagen, entdeckten sie, dass es Freude macht, Streitigkeiten im biblischen Sinne auf den Grund zu gehen. Dann wandelte sich das Bild vollständig. Nachdem die Frage der Kommunikation geregelt war, konnten sie auch an die Lösung ihres Problems gehen.

Christen können lernen, ohne Bitterkeit, Wut, Zorn, Geschrei, Verleumdung und Bosheit zu leben. Sie müssen daran arbeiten, ihrem Nächsten gegenüber eine gutwillige Haltung einzunehmen. Auf dem Boden eines solchen Verhaltens gedeihen die Lösungen der Lebensprobleme zusehends. Das erreichen wir, indem wir »zueinander gütig, mitleidig« sind, »einander vergebend, wie auch Gott in Christus« uns »vergeben hat« (vgl. jeweils Eph 4,32). Was für einen wunderbaren Erlöser haben wir in Christus! Es waren keine liebenswerten, sondern gottlose Menschen, Feinde, für die er sein Leben geopfert hat. Für Gesetzesbrecher hat er gelitten. Er hat uns geliebt, obwohl wir alles andere als liebenswert waren. Genauso, wie er uns geliebt hat, sollen wir einander lieben.

Bei der Liebe geht es nicht zuerst um ein Gefühl, sondern vorrangig darum, dass man gibt. Das ist ihr Kern. Um zu lieben, müssen wir uns selbst hingeben und bereit sein, von unserer Zeit, von unserem Besitz sowie von allem zu opfern, was unsere Liebe unter Beweis stellen kann, denn der biblische Liebesgedanke basiert auf dem Geben. »Denn so hat Gott die Welt geliebt, dass er seinen eingeborenen Sohn gab« (Joh 3,16). Von diesem Sohn Gottes sagt Paulus, dass er »mich geliebt und sich selbst für mich hingegeben hat« (Gal 2,20). »Wenn dein Feind hungrig ist, gib ihm zu essen; wenn er durstig ist, gib ihm zu trinken« (Röm 12,20).

Immer ist es das Geben, womit die Liebe beginnt. Durch dieses Geben entsteht in jeder Familie eine neue Atmosphäre – eine Atmosphäre, die das Klima schafft, in dem Kommunikation wachsen und gedeihen kann.

Denken Sie einmal gründlich darüber nach; vielleicht sollten Sie etwas unternehmen. Möglicherweise müssen Sie Gott Ihre Sünde bekennen. Dann sollten Sie dies auch gegenüber Ihrem Nächsten tun, mit dem Sie nur so die Kommunikation wiederherstellen können. Nur dadurch gelangen Sie auch zu einem neuen Verhältnis zu Christus.

Die Ehe – und was die Bibel dazu sagt

Es besteht kein Zweifel daran, dass die sittlichen Werte und Normen unserer Gesellschaft von allen Seiten heftig angegriffen werden. Grundlegende Prinzipien werden infrage gestellt, und das Althergebrachte wird abgelehnt, sei es gut oder auch fragwürdig.

Von etlichen Dingen sollte man sich in der Tat trennen, denn vieles ist durchaus unbiblisch. Manche legen mit ihren »revolutionären Ideen« jedoch die Axt an die Wurzeln. Sie versuchen, die Fundamente unserer Gesellschaft zu zerstören. So werden zwei- oder dreijährige »Probeehen« vorgeschlagen, und manche wünschen sich Eheverträge auf Zeit, die man wie Versicherungsverträge jährlich kündigen kann.

Wenn diese und ähnliche Vorschläge ernsthaft zur Diskussion gestellt werden, ist es für die Christen an der Zeit, die prinzipiellen biblischen Aussagen über die Ehe wieder zur Geltung zu bringen.

Die Institution »Ehe« ist nicht zufällig entstanden. Wer sich mit der Ehe, der Familie und dem Familienleben beschäftigt, hat es mit den grundlegenden und wichtigsten gesellschaftlichen Einrichtungen zu tun. Bevor es irgendwelche anderen Institutionen (wie z. B. den Staat) gab und bevor die Gemeinde auf Erden Wirklichkeit wurde, hat Gott die Ordnung der Familie ins Leben gerufen. Sie bildet die Grundlage, worauf sich alles Übrige aufbaut. Eben weil sie in der Heiligen Schrift an erster Stelle steht, müssen wir alles daransetzen, den Zerfall der Familie zu verhindern. Ihre Existenz ist unmittelbar bedroht, und wenn wir nicht dafür kämpfen, werden die Folgen fürchterlich sein. Eine solche Verteidigung der Familie erfordert, dass sich die Christen wieder auf die biblischen Grundprinzipien besinnen und sich dafür in der eigenen Familie voll einsetzen.

Ehe auf Zeit?

Die erste Grundwahrheit, die uns wieder bewusst werden muss, besteht darin, dass Gott die Ehe angeordnet hat.

Die Ehe ist nicht eine Möglichkeit neben vielen anderen. Es ist ein großer Irrtum, die Meinung zu vertreten, irgendwelche Leute wären in irgendeiner Höhle, ums Feuer geschart, auf die Idee gekommen, die Ehe sei vielleicht eine gute Sache. Sie ist auch kein Gesellschaftsvertrag, den Menschen erarbeiteten und der eine Zeit lang für die Gesellschaft nützlich war.

»Für frühere Zeiten war die Ehe gut«, meinen manche, »aber sie hat sich überlebt, und wir sind darüber hinausgewachsen. Heute, wo uns empfängnisverhütende Mittel zur Verfügung stehen und die Abtreibung legalisiert ist, hat die Ehe ihren Sinn größtenteils verloren.« Bei vielen Dingen im Leben stimmt das: Sie sind eine Zeit lang gut und zweckmäßig, aber sobald etwas Besseres an ihre Stelle tritt, entledigt man sich ihrer.

Mit der Ehe verhält es sich jedoch anders. Sie bildet die Grundlage der Gesellschaft. Gott hat die Ehe für alle Zeiten geboten und nicht nur für einen bestimmten Zeitabschnitt in der Geschichte. Die erste Trauung fand im Garten Eden statt, und Gott selbst hat sie vollzogen.

Es ist aufschlussreich, dass die Bibel die Ehe als »Bund« bezeichnet. In den Sprüchen warnt Gott vor der Ehebrecherin, die »ihre Worte glättet«[4], die »den Vertrauten ihrer Jugend verlässt und den Bund ihres Gottes vergisst« (vgl. jeweils Spr 2,16-17). Das heißt, dass sie den Mann verlässt, den sie in der Jugend geheiratet hat, und damit Gottes Bund vergisst bzw. bricht.

Die Ehe ist nichts Geringeres als ein von Gott gestifteter Bund. Die Bibel versteht darunter eine absolut ernst zu nehmende

---

4 Svw. »durch Schmeichelei überredet«. Diese Wendung beinhaltet auch den Aspekt der Verführung, wie dies in mehreren Bibelübertragungen zum Ausdruck kommt (vgl. z. B. »... die dich mit schmeichelnden Worten umgarnt und dich verführen will« [»Hoffnung für alle«]).

Abmachung. Wer einen Bund eingeht, nimmt eine feste Verpflichtung auf sich.

Auch der Prophet Maleachi bezeichnet die Ehe als einen Bund. Gott wollte von den Gottesdiensten seines Volkes nichts mehr wissen. Auf die Frage nach dem Grund antwortete er: »Weil der HERR Zeuge gewesen ist zwischen dir und der Frau deiner Jugend, an der du treulos gehandelt hast, da sie doch deine Gefährtin und die Frau deines Bundes ist« (2,14).

Gott sagt, dass eine Frau Gefährtin und Gattin *kraft eines Bundes* ist, der in Gegenwart Gottes geschlossen wird.

Gott hat die Ehe angeordnet; sie ist nicht eine Möglichkeit unter anderen, und wir können nicht darüber verfügen, wie es uns passt. Das ist der wichtigste, entscheidendste und grundlegendste Faktor.

Heiraten – das kleinere von zwei Übeln?

Da die Ehe auf Gott zurückgeht, ist sie gut. Sie gehörte schon *vor* dem Sündenfall zur Schöpfungsordnung Gottes. Wenn man allerdings manche Leute über die Ehe reden hört und mitbekommt, wie sie diese Einrichtung herabsetzen und ihre Witze darüber machen, könnte man denken, der Teufel habe sie erfunden. Vielleicht fällt es manchem schwer, seine Ehe als gut zu bejahen.

Andere sehen die Ehe wegen der sexuellen Gemeinschaft zwischen den Ehegatten als sündhaft, minderwertig oder allenfalls noch als das geringere von zwei Übeln an. Doch Gott hat die Ehe geboten, und die Sexualität ist kein Übel. Sie ist dem Menschen zum Segen und zur Freude gegeben.

Während einer Bibelarbeit fragte eine Frau: »Finden Sie nicht auch, dass der Geschlechtsakt ekelerregend ist?« Nein, sexuelle Gemeinschaft, die nicht durch die Sünde pervertiert wird, ist heilig, rechtmäßig und gottgewollt.

Im Epheserbrief vergleicht Paulus die Ehe mit der heiligen Beziehung, die zwischen Jesus und seiner Versammlung bzw. Gemeinde besteht (5,22-23). Genauso sollte und kann die Ehe sein. In der Offenbarung, die Johannes niedergeschrieben hat, vergleicht Jesus sein Verhältnis zu seiner Gemeinde mit der Beziehung eines Bräutigams zu seiner Braut (19,7-9; 21,2). Für Gott ist die Ehe etwas Heiliges und Rechtmäßiges, die Geschlechtlichkeit eingeschlossen.

Ist die Ehe, wenn nicht unheilig, so doch ein minder wertvoller Stand? Ist die Ehelosigkeit vorzuziehen? Manche haben Paulus in 1. Korinther 7,26 diesbezüglich missverstanden. Er weist dort auf gewisse Vorteile der Ehelosigkeit und Nachteile des Verheiratetseins hin. Aber Paulus erörtert die Frage »Ehelosigkeit oder Ehe« nicht in der Absicht, *allgemeine* Aussagen zu machen, sondern im Blick auf eine *besondere* Situation. Er sagt im Grunde: »Ihr müsst wissen, dass das, was ich über die Ehe sage, angesichts der augenblicklichen Weltlage zu verstehen ist.« Wörtlich drückt er dies folgendermaßen aus: »Ich meine nun, dass dies gut ist der gegenwärtigen Not wegen, dass es für einen Menschen gut ist, so[5] zu sein.«

Paulus hat nicht gesagt, die Ehelosigkeit sei besser als der Ehestand. Paulus empfahl die Ehelosigkeit in Zeiten der Verfolgung. Es lag auf der Hand, dass Einzelne leichter als ganze Familien der Verfolgung würden standhalten können.

Lassen Sie sich daher von niemandem einreden, die Heilige Schrift hielte von der Ehelosigkeit mehr als von der Ehe. Paulus handelte in einer außergewöhnlichen Lage; es lag ihm fern, die Ehelosigkeit als Regel oder Norm auszugeben.

Mann und Frau, miteinander verheiratet, wurden von Gott in den Garten Eden gesetzt. Gott hat die Ehe für seine Ziele bestimmt. Diese Ziele sind in der Heiligen Schrift dargelegt. Wir können sie hier nicht im Einzelnen aufzählen; es sind viele, und sie sind mannigfaltig. Über einige grundlegende Absichten, die er damit verbunden hat, müssen wir jedoch nachdenken.

---

5 D. h. ehelos.

Vom Sinn der Ehe

In 1. Mose 2 lesen wir die folgenden interessanten Worte: »Und Gott der HERR sprach: Es ist nicht gut, dass der Mensch allein sei; ich will ihm eine Hilfe machen, die ihm entspricht« (V. 18).

Gott schuf die Frau als »Hilfe«. Warum? Weil es »nicht gut« ist, dass der Mensch allein ist.

Wäre die Ehe ein geringerer Stand als die Ehelosigkeit, hätte Gott diese Worte niemals gesprochen. Es gibt Menschen, die ihr ganzes Leben lang unverheiratet bleiben; ihnen hat Gott die Gabe der Ehelosigkeit verliehen. Auch das sagt Paulus in 1. Korinther 7. Aber Gott schuf für Adam eine Frau. Ein Blick in viele Junggesellenwohnungen zeigt schon in diesem Bereich, dass der Mann in der Regel eine Frau braucht und es nicht gut ist, wenn er allein bleibt.

Warum wurde die Frau nach dem Mann geschaffen und nicht vor ihm? Was ist ihre Bestimmung?

Nach Vers 18 soll sie die »Hilfe« des Mannes sein. Sie ist in jeder Beziehung sein »Gegenüber«, das ihn ergänzt und dazu beiträgt, dass er seiner Bestimmung vollständig gerecht werden kann. Sie soll ihm als Helferin im Leben zur Seite stehen.

Diese Bedeutung hat sie in den modernen Ehen weitgehend verloren. Vielmehr halten sich viele Frauen selbst für überaus hilfsbedürftig. In ihrem Selbstverständnis hat die Frau von heute manche Vorstellungen von ihrer Rolle in der Ehe. Der Gedanke einer Helferin ist darunter selten zu finden. Aber genau das soll sie nach Gottes Wort sein.

Wenn eine Frau anfängt, sich als Helferin zu begreifen, wird sie wirklich Befreiung erlangen. Sogenannte »Bewegungen zur Befreiung der Frau«, die dies nicht erkennen, machen hingegen die Frau, ohne es zu wissen, zur Sklavin. Freiheit wird sie finden, wenn sie begreift, welche Aufgabe ihr vor Gott und ihrem Mann zugewiesen ist, und wenn sie gemäß dieser Einsicht lebt.

Mann und Frau werden *ein* Leib (1Mo 2,24). Zusammen bilden sie eine Einheit, und in der körperlichen, geistigen und seelischen Begegnung entsteht ein Ganzes.

Obgleich es nicht ausdrücklich gesagt wird, braucht auch die Frau den Mann zu ihrer Ergänzung. (Wem Gott allerdings die Gabe der Ehelosigkeit verleiht, dem gibt er auch die Gnade, ein »unvollständiges« Leben zu führen, dem die Ergänzung durch einen Partner fehlt. Der oder die Betreffende findet dann letztendlich in Gott ein erfülltes Leben. Diese Aufgabe ist nicht leichter und nicht schwerer als diejenige der Ehe.)

Wie verschiedenartig sind die Gesichtspunkte eines Mannes und einer Frau zu jedem beliebigen Thema! Welch eine Bereicherung besteht darin, sowohl die männliche als auch die weibliche Sicht der Dinge zu kennen! Wenn sich beide mit derselben Frage beschäftigen, gehen er und sie auf sehr unterschiedliche Art und Weise an die Sache heran.

Nehmen wir z. B. das Thema »Kinder«. Die Frau (sie möge mir den Vergleich verzeihen) verkörpert die starke Liebe und Opferbereitschaft einer Bärin, die ihr Junges schützt. Wagt irgendjemand, es zu bedrohen, zeigt sie ihm die Krallen. Der Vater neigt mehr dazu, das Kind fürs Leben zu erziehen, denn er weiß, dass es dabei ohne Knüffe und Püffe nicht abgeht. Für die Entwicklung des Kindes ist wiederum eine gesunde Mischung aus beiden Elementen wichtig.

Wir können dieses Thema hier nicht in seiner Länge und Breite durchdiskutieren, sollten aber wenigstens noch einen sehr wichtigen Aspekt erwähnen: Wenn eine Frau ihre Kinder allein (d. h. ohne einen Mann an ihrer Seite) erziehen muss, dann bringt das für die Kinder besondere Schwierigkeiten. Nicht jede alleinstehende Mutter ist in der Lage, wieder zu heiraten. Die Gemeinde sollte sich um ihre Kinder kümmern und Aufgaben übernehmen, die sonst dem Vater zufallen. Auch diese Kinder müssen etwas von dem väterlichen Element in einer Ehe erfahren. Sie brauchen Familien, die sie einladen, damit sie Einblick in das Leben einer Familie bekommen und das Nehmen und Geben zwischen Mann und Frau beobachten können.

Fragen wir uns noch einmal: Wie hilft eine Frau ihrem Mann? Sie hilft ihm als Partnerin und dadurch, dass sie ihn ergänzt. »Wer eine Ehefrau gefunden hat, der hat etwas Gutes gefunden.«[6] Die Gemeinschaft ist nach Maleachi 2,14 und Sprüche 2,17 ein Hauptzweck der Ehe. Beide Male wird der Ehepartner »Gefährte«[7] genannt. Wir alle sehnen uns nach vertrauter, inniger Gemeinschaft; die Ehe erfüllt dieses Bedürfnis. Es ist gut, jemanden zu haben, dem man seine Gedanken mitteilen, seine Probleme sagen, über Zweifel sprechen und von dem man einen anderen Standpunkt als den eigenen hören kann. Die Frau hilft ihrem Mann auf diese Art und Weise. Wir alle brauchen jemanden, dem wir unser Inneres öffnen können.

Eine Frau ist ihrem Mann darüber hinaus deshalb gegeben, weil sie ihm helfen soll, seiner Bestimmung auch auf sexuellem Gebiet gerecht zu werden. Die Bibel sieht die Geschlechtlichkeit als heilig, normal, richtig und gut. Die Sexualität ist nichts Schlechtes, und die Ehe ist der gottgewollte Rahmen dafür. Man kann der Heiligen Schrift zufolge nicht sagen, dass der Geschlechtstrieb etwas Unheiliges ist. Nur wer meint, ihn missbrauchen zu können, und nicht beachtet, dass er in die eheliche Bindung eingebettet sein muss, sündigt.

In 1. Korinther 7 lesen wir aber auch, dass keiner der beiden Ehepartner freie Verfügungsgewalt über seinen eigenen Körper hat. Selbstbefriedigung und die selbstsüchtige Verweigerung der sexuellen Gemeinschaft sind nicht gottgewollt. Die Sexualität soll sich nicht an dem eigenen Ich, sondern an den Bedürfnissen des Ehepartners ausrichten.

Jede selbstsüchtige sexuelle Handlung ist eine Perversion der Sexualität. Die sexuelle Gemeinschaft soll erfreuen und im Einklang mit dem biblischen Grundsatz stehen, der besagt: »Geben ist seliger als Nehmen.«[8] Am beglückendsten stimmt nicht das eigene Lustgefühl, sondern vielmehr die Tatsache, dass man den

---

6 Vgl. Sprüche 18,22; Schlachter 2000.
7 Vgl. jeweils RELB.
8 Vgl. Apostelgeschichte 20,35.

Ehepartner in dieser Beziehung glücklich macht. Männer und Frauen sind verpflichtet, den Wünschen des jeweiligen Partners auch auf diesem Gebiet entgegenzukommen. Der Mann darf seiner Frau seinen Körper nicht vorenthalten, um sich an ihr zu rächen, und die Frau darf die sexuelle Gemeinschaft nicht dazu missbrauchen, um irgendetwas auszuhandeln.

Zur geschlechtlichen Gemeinschaft gehört die uneingeschränkte, liebevolle Hingabe gegenüber dem anderen, damit beide ein erfülltes Leben führen können – auch in diesem Bereich. Die Bibel ist in Sachen Sexualität nicht prüde – im Gegensatz zu manchen Christen, die sich in ihrer Prüderie über Gott stellen.

Die Ehe hat aber noch andere Aspekte, z. B. den Gesichtspunkt der Fürsorge und den Aspekt der Erziehung der Kinder, die Gott schenkt. Sie sind »ein Erbteil des HERRN« (Ps 127,3). In 1. Mose 1,28 heißt es: »Gott segnete sie, und Gott sprach zu ihnen ...« Wie segnete er sie? »Seid fruchtbar und mehrt euch.« Darin kommt göttlicher Segen zum Ausdruck.

Loslassen und Anhangen

Aber die Ehe umfasst noch mehr. Einige ihrer Grundsätze schließen sehr wichtige Faktoren ein, die allzu oft übersehen werden, was wiederum viel Kummer und Leid zur Folge hat. So hat man beispielsweise den zweiten Teil von 1. Mose 2,24 (»Sie werden ein Fleisch sein«) allzu häufig isoliert betrachtet. Lesen Sie einmal den Anfang dieses Verses: »Darum wird ein Mann seinen Vater und seine Mutter verlassen und seiner Frau anhangen.«

In einer Ehe ist nichts so wichtig wie das »Verlassen« und »Anhangen«. Gott sagt, dass der Mann seinen Vater und seine Mutter verlassen muss, um seiner Frau »anzuhangen«.

Was heißt das? Die bedeutet, dass wir etwas zeitlich Begrenztes aufgeben sollen, um etwas Dauerhaftes zu erhalten!

Die Ehe ist als Ordnung des Zusammenlebens für die menschliche Gesellschaft von entscheidender Bedeutung. Die grundlegendste Familienbeziehung ist nicht die Eltern-Kind-Beziehung, sondern die Mann-Frau-Beziehung. So ist es Gottes Wille.

In dem zitierten Vers sagt er, dass der Mann seinen Vater und seine Mutter verlassen wird. Diese Beziehung muss gelöst werden – natürlich nicht vollständig, aber das ursprüngliche Verhältnis zu seinen Eltern, bei denen er lebte, muss sich ändern. Durch die Heirat wird er zum Haupt einer neuen Einheit, einer neuen Familie.

Der Mann soll Vater und Mutter verlassen, aber seiner Frau anhangen: »Was ... Gott zusammengefügt hat, soll der Mensch nicht scheiden.«[9] Im Gegensatz zur Eltern-Kind-Beziehung (im ursprünglichen Sinne) ist die Mann-Frau-Beziehung auf Dauer angelegt. Nach der Heiligen Schrift ist sie unauflösbar. Die Eltern-Kind-Beziehung ist zwar ihrem Wesen nach sehr eng, doch sie wird an keiner Stelle der Bibel mit Ausdrücken wie »ein Fleisch sein« bzw. »anhangen« beschrieben. Darüber hinaus fehlt im Blick auf sie die gerade zitierte Aussage hinsichtlich der Ehe (»... soll der Mensch nicht scheiden«). Mann und Frau dagegen sollen sich für die ganze Zeit ihres Lebens verbinden und ihre seelische, geistliche und körperliche Gemeinschaft bis zum Tod fortsetzen.

Viele Menschen kennen diesen wichtigen Unterschied nicht. Für sie ist die Eltern-Kind-Beziehung die wichtigste geworden – zum Schaden der Kinder wie der Ehepartner. Die Eltern leben allzu oft nur für ihre Kinder. Ihre beste Zeit, ihre ganze Energie, ihr Geld und ihr Wissen sind den Kindern gewidmet. Die Praxis zeigt, dass sie ihnen damit mehr schaden als nützen. Der Versuch, der Eltern-Kind-Beziehung grundlegende Bedeutung beizumessen, hat üble Folgen. Das Familienleben muss zwangsläufig darunter leiden, denn ein solcher Versuch steht im Gegensatz zu Gottes Wort.

---

9 Vgl. Matthäus 19,6 und Markus 10,9.

Eltern, die nur für ihre Kinder leben, finden sich oft gerade zu der Zeit, in der das letzte Kind das Elternhaus verlässt, in unserem Seelsorgezentrum ein. Sie haben die ganzen Jahre hindurch nur für ihre Kinder gelebt und ihre Gespräche, Interessen, Pläne (ja, ihr ganzes Leben) auf sie ausgerichtet. Verlassen die Kinder dann das Elternhaus, wird ihnen plötzlich bewusst, dass sie »nur noch einander« haben. Sie müssen den Rest ihres Lebens zusammen verleben, und diese Aussicht weckt ihr Unbehagen. Übrig geblieben sind zwei Fremde, die wenig oder nichts miteinander gemein haben. Sie haben 15 oder 20 Jahre lang versäumt, eine Ehe zu führen. Sie haben nur in eine Richtung gebaut, und von Bedeutung war nur das in der Ehe, was ihre Kinder betraf.

Ein Sprichwort sagt: »Wer seinen Kindern ein guter Vater sein will, muss ihrer Mutter ein guter Ehemann sein.« Das trifft ins Schwarze. Kinder brauchen keine Eltern, die ihre ganze Liebe und Fürsorge ausschließlich ihnen zuwenden. Eltern, die den größten Teil ihrer Zeit und Interessen ihren Kindern widmen, handeln falsch – auch an ihren Kindern.

Kinder müssen vor allem Eltern erleben, die es verstehen, einander zu lieben und miteinander zu leben. Dies ist im Sinne eines Vorbilds das kostbarste Geschenk, das Eltern ihren Kindern machen können.

Wie sollen Kinder es sonst lernen, selbst eine gute Ehe zu führen? Sie müssen Eltern erleben, die es verstehen, als Eltern zu leben – mehr aber noch als Ehepartner. Jedes Kind braucht Eltern, die sich umeinander kümmern.

Was geschieht mit Kindern, die ein Elternhaus verlassen, in dem sie der Mittelpunkt waren? Wenn eine Mutter nur für ihren Sohn gelebt hat, wird es ihr schwerfallen, ihn ziehen zu lassen. Außer dem üblichen Trennungsschmerz wird es für sie noch eine große Anzahl weiterer Schmerzen geben. Sie wird ihn nicht loslassen wollen und ihn an einem Arm festhalten, während seine Frau am anderen zieht. Dabei geschieht es nicht selten, dass ihr geliebter Sohn unentschlossen zwischen Mutter und Frau hin und her pendelt, was tragische Folgen für alle Beteiligten hat.

Es ist auch möglich, dass die beiden Frauen einen verbissenen Kampf beginnen, um ihn auf die jeweils eigene Seite zu ziehen.

Obgleich die häufigsten Witze um den Mann und seine Schwiegermutter kreisen, stellt der Seelsorger zumeist fest, dass das wirkliche Problem selten zwischen dem Mann und seiner Schwiegermutter besteht, sondern gewöhnlich zwischen den beiden Frauen. Hier sammelt sich in vielen Fällen eine tief sitzende Abneigung an, und der Grund besteht oft darin, dass die göttliche Regel in Bezug auf »Verlassen« und »Anhangen« nicht beachtet wurde.

Es ist für eine Mutter entscheidend zu wissen, wann die Zeit für ihre Kinder gekommen ist, das Nest zu verlassen. Zuvor muss sie ihnen das »Fliegen« beigebracht haben und ihnen dann zu gegebener Zeit einen Schubs geben. Für die Eltern ist die Einsicht wichtig, dass die Beziehung zwischen Mann und Frau enger und bedeutsamer ist als diejenige zwischen Eltern und Kindern.

Aber nun noch ein Wort an die Kinder. Es gilt euch umso mehr, je weniger ihr euch noch als Kinder fühlt.

Wenn ihr es gut mit euch selbst und mit euren Eltern meint, dann verlangt von ihnen nicht allzu viel Aufmerksamkeit und Interesse. Beansprucht nicht so viel wie nur irgend möglich von ihrer Zeit. Ihr Tag hat auch nur 24 Stunden, und einige davon müssen sie miteinander verbringen.

Großartig wäre es, wenn der eine oder andere von euch gelegentlich seine Eltern aufforderte, allein etwas zu unternehmen. Das schließt vielleicht ein, dass ihr euch um eure jüngeren Geschwister kümmern müsstet, aber ihr solltet euren Eltern helfen, Zeit füreinander zu finden. Den Nutzen davon haben nicht nur eure Eltern, sondern auf lange Sicht wird das auch euch dienlich sein.

Wenn die Zeit kommt, wo ihr euer Elternhaus verlassen wollt, sollten sich eure Eltern auf die Trennung freuen. So wäre es richtig, und so sollte es sein. Sie sollten wissen, dass ihr fähig seid, ein neues, eigenes Leben anzufangen, was ihnen dann die Möglichkeit schenkt, ihrem Leben als Ehepartner wieder mehr Zeit widmen zu können.

Eltern sollten hin und wieder zueinander sagen: »Ich freue mich schon auf die Zeit, wo auch der Letzte das Haus verlässt. Dann können wir wieder mehr Zeit gemeinsam verbringen; wir werden dann endlich wieder wirklich zusammen sein.«
So sollten Eltern denken. Und dahin werden sie kommen, wenn sie ihre Ehe als die grundlegendste, auf Dauer angelegte Beziehung in ihrem Leben betrachten. Andere Beziehungen können in ihrer jeweiligen Tiefe nur vorübergehenden Charakter haben. Gott leiht Eltern eine Zeit lang Kinder, damit sie ihnen helfen, sich auf die Zukunft vorzubereiten; danach kommt die Trennung. Eltern sollen sich über ihre Kinder freuen, aber diese können nicht die alleinige Grundlage der Freude in einer Ehe sein.

Ehepartner sollten sich zuweilen fragen, wie ihr Leben aussehen würde, nähme man ihnen plötzlich ihre Kinder. Im Ernst: Wie sähe Ihr Leben als Mann und Frau aus? Was haben Sie wirklich zusammen aufgebaut? Haben Sie Gemeinsamkeiten? Unternehmen Sie manches gemeinsam? Welche Anliegen fördern Sie zusammen? Worüber würden Sie sich abends unterhalten? Gibt es überhaupt Gemeinsamkeiten außer den Kindern?

Es ist ratsam, das Problem schon jetzt anzugehen. Der Zeitpunkt, wo Ihre Kinder das Elternhaus verlassen, kommt schneller, als Sie denken: Bundeswehr, Studium oder eine Ausbildung in einer fremden Stadt, dann taucht ein Mädchen auf, und schon ist Ihr Sohn weg! Eines Tages kommt ein junger Mann, und ehe Sie sich's versehen, verlässt Ihre Tochter das elterliche Haus – von heute auf morgen. Und wenn es so weit ist, dann sind Sie miteinander allein. Sie können diesem Tag ängstlich entgegensehen, Sie können sich aber auch darauf freuen und Pläne machen.

Vielleicht sollten Sie, liebe Leserin, mit Ihrem Mann darüber sprechen. Möglicherweise müssen Sie, lieber Leser, das mit Ihrer

Frau tun. – Wann haben Sie das letzte Mal nur mit Ihrer Frau zusammen etwas unternommen? Unternehmen Sie irgendetwas regelmäßig?

So musste z. B. ein Ehepaar, das einmal etwas gemeinsam jenseits der Familienpflichten unternehmen wollte, zu außergewöhnlichen Mitteln greifen, indem es wegfuhr, um an einem Samstagvormittag auswärts frühstücken zu können. Eltern müssen Zeit füreinander finden, auch wenn es sie Mühe kostet. Dafür zu sorgen, dass dies möglich wird, muss in allererster Linie der Mann als Familienoberhaupt. Letztlich hat nämlich Christus ihm die Aufgabe zugewiesen (wie wir noch sehen werden), dafür Sorge zu tragen, dass es in seiner Familie mit »rechten Dingen« zugeht.

Es ist daher für Sie als Ehemann von allergrößter Bedeutung, dass die Beziehungen in Ihrer Familie schriftgemäß sind. Haben Sie beim Nachdenken festgestellt, dass manches nicht so ist, wie es sein sollte, so schlage ich Ihnen vor, heute Abend mit Ihrer Frau einmal auswärts zu essen oder einen Spaziergang zu machen und die Angelegenheit mit ihr zu besprechen.

Test: Zeitaufwand für meine Familie – gemeinsame Interessen

Überschlagen Sie einmal, wie viel Zeit Sie Ihrer Familie und Ihrer Frau widmen, und tragen Sie die gemeinsamen Interessen ein. Bezüglich der Feststellung, ob Sie Ihre Zeit richtig einteilen und sich Ihren gemeinsamen Interessen in hinreichendem Maße widmen, bildet die *mengenmäßige* Erfassung lediglich eine Richtschnur. Wichtiger ist die Frage, *wie* Sie die erfasste Zeit miteinander verbringen und *inwieweit* gemeinsame Interessen darin ihren Platz haben.

	Verbrachte Zeit mit		Gemeinsame Interessen mit	
	dem Ehepartner	den Kindern	dem Ehepartner	den Kindern
werktags				
am Wochenende				

Wenn notwendig, erstellen Sie anschließend auf einem Extrablatt eine biblische Überarbeitung Ihrer Aufstellung. Und sprechen Sie mit Ihrem Ehepartner über die sich ergebenden Fragen und ihre Lösungen.

Heiraten oder nicht?

Darüber besteht kein Zweifel: Gott hat die Ehe gewollt. Nachdem Gott Adam erschaffen hatte, sprach er: »Es ist nicht gut, dass der Mensch allein sei.«

Der Wunsch und das Verlangen des Menschen, eine Ehe einzugehen, ist daher nichts Unrechtes. Dem Wort Gottes gemäß ist dies die Regel.

Jeder Mensch bekommt von Gott seine spezielle Gabe, und er wird von ihm persönlich geführt. Ehe und Ledigsein – jeder Stand muss bejaht werden. Der Unverheiratete, der mit aller Gewalt und um jeden Preis heiraten will, sündigt genauso wie der Verheiratete, der die Ledigen beneidet.

Jeder sollte Gott um klare Führung und Wegweisung bitten: Soll ich heiraten – oder nicht? Gott antwortet. Richten Sie Ihr Leben nach dieser Antwort ein!

Ehe und Ehelosigkeit, beides ist eine Gabe und Aufgabe, die Gott zueignet. Und es ist nicht in unser Belieben gestellt, ob wir davon Gebrauch machen wollen oder nicht. Wer seine Gaben erkannt hat, soll sie im Dienst für Gott und zu seiner Ehre zur vollen Entfaltung bringen.

Unverheirateten, besonders Frauen, fällt es oft schwer, sich mit ihrer Ehelosigkeit abzufinden. Sie möchten gern heiraten und leiden darunter, dass sie allein sind.

Wie kann man mit diesem Problem fertig werden?

Die Gemeinden sollten jungen unverheirateten Christen viel mehr Möglichkeiten bieten, einander kennenzulernen und persönliche Kontakte zu knüpfen. Oder sollen sie ihren Partner außerhalb der Gemeinden suchen? Wäre das eine Alternative? Nein! Darüber hinaus geben Freizeiten, Konferenzen, Mitarbeitertreffen und Zusammenkünfte mit anderen Gemeinden unverheirateten Christen die Chance, einen geeigneten gläubigen Lebensgefährten zu finden.

Auch die Eltern können ihren Teil dazu beitragen, ohne ihre Kinder in eine bestimmte Richtung zu drängen: Sie könnten z. B. dafür sorgen, dass sich die Familien mehr als bisher in ungezwungener Atmosphäre begegnen.

Doch wie verhält es sich mit dem Junggesellen oder (wie es viel häufiger der Fall ist) mit der unverheirateten Frau selbst? Was kann eine junge unverheiratete Christin tun, um einen Ehepartner zu finden? Kann und soll sie überhaupt etwas tun?

Zuerst sollte sie sich darüber Klarheit verschaffen, wie Gott sie diesbezüglich führt. Was Paulus in 1. Korinther 7,25-40 sagt, muss dabei beachtet werden. Für die meisten jungen Mädchen wird die Ehe das Normale sein. Soll ein junges Mädchen aber nach Gottes Willen als Unverheiratete leben, muss es gewillt sein, sich darauf vorzubereiten. Gott hat gerade für die unverheiratete Frau heute viele Aufgaben.

So viel steht fest: Die Zukunft sieht auch für Unverheiratete nicht düster aus. Der Herr gibt seinen Kindern niemals eine Aufgabe, ohne ihnen die volle Unterstützung zu gewähren, die sie brauchen, um seinen Willen zu erfüllen.

Doch wie verhält es sich mit der jungen ledigen Frau, die inzwischen 28 Jahre oder älter geworden ist, aber noch keinen gläubigen Ehepartner gefunden hat, obwohl sie davon überzeugt ist, dass Gott sie für die Ehe begabt hat? Was kann sie unternehmen?

Was kann man tun?

1. Beten Sie für diese Sache!

Vielleicht halten Sie mir entgegen: »Ich habe gebetet. Seit einigen Jahren bete ich um fast nichts anderes.«

Die Sache hat zwei Haken. Erstens: Frauen haben oft eine unbiblische Einstellung zum Gebet. Beten befreit uns nicht von Aufgaben, die wir selbst tun können. Das Gebet ist nicht etwas

Ausschließliches, und das eigene Tun muss nicht »ungeistlich« sein.

Wenn Sie Gott bitten: »Unser tägliches Brot gib uns heute«[10], dann setzen Sie sich anschließend auch nicht mit verschränkten Armen an den Tisch und warten, bis es vom Himmel fällt. Selbstverständlich kann Gott seine Leute auf diese Art versorgen, und er hat es gelegentlich auch getan. Aber gewöhnlich beantwortet er dieses Gebet dadurch, dass er unsere Arbeit mit einbezieht (2Thes 3,10). Selten verhält es sich anders. Im Gebet erwarten wir alles von Gott. Das ist richtig. Aber zum Gebet muss unser persönlicher Einsatz hinzukommen.

Das Gleiche gilt für eine ledige Frau, die einen Ehepartner sucht. Sie soll beten, aber sie muss sich auch darum bemühen, einen zu finden.

Aber es gibt noch einen zweiten Haken beim Gebet um den Ehepartner. Das ist die Art und Weise, *wie* Sie beten. »Wie soll ich denn beten?«, werden Sie fragen.

Danken Sie Gott täglich, *dass* er Sie führt! Geben Sie Vergangenheit, Gegenwart und Zukunft vertrauensvoll an Gott ab! Er hat großes Interesse an Ihrem Ergehen. Er will, dass Sie glücklich sind.

Wenn Sie diesem Herrn ohne Bedingungen vertrauen und sich täglich neu dazu entschließen, ist das eine gute Übung und Vorbereitung für die Ehe. Dann dreht sich Ihr Gebet nicht um Ihre eigenen Probleme, sondern Sie werden frei für Ihren Nächsten, frei für Aufgaben, die Gott Ihnen geben will.

2. Bereiten Sie sich auf die Ehe vor!

Wenn Sie erkannt haben, dass Gott Sie in die Ehe führen will und dazu begabt hat, dann fangen Sie an, diese Gabe zu entfalten!

Lernen Sie kochen und all die anderen Dinge, die man beherrschen muss, um einen Haushalt zu führen! Fangen Sie auch an, sich mit Kindern zu beschäftigen!

---

10 Vgl. Matthäus 6,11 (RELB).

Machen Sie das Beste aus Ihrem Typ! Wenn Sie meinen, eine Schlankheitsdiät einhalten zu müssen, dann tun Sie es. Wenn Sie nicht wissen, welche Frisur oder welche Farben Ihnen am besten stehen, dann lassen Sie sich beraten.

Messen Sie der Frage Ihrer Attraktivität aber auch keine übermäßige Bedeutung bei. Eine Braut wird sich für ihren Mann »schmücken« (vgl. Offb 21,2). Äußere Schönheit ist nicht unwichtig. Aber legen Sie darauf nicht das Hauptgewicht! Lesen Sie einmal Sprüche 31,30 und 1. Petrus 3,3-5!

Entwickeln Sie Ihre Persönlichkeit als Christin! Wenn Sie als Frau sich durch innere Werte auszeichnen, üben Sie auf einen gläubigen Mann (an einem anderen sind Sie ja nicht interessiert) größere Anziehungskraft aus als eine strahlende Schönheit, die ohne Substanz ist.

Eine Frau mit hauswirtschaftlichen Fähigkeiten, mit gepflegtem Aussehen und einem unverkrampften Wesen als Christin ist »unwiderstehlich«.

3. Arbeiten Sie auf Ihr Ziel hin!

»Was?«, entgegnen Sie, »ich soll tatsächlich etwas unternehmen, um einen Mann zu finden?«

Natürlich! Einer Sekretärin geht es nicht nur darum, um Arbeit zu beten und alles daranzusetzen, in ihrem Beruf tüchtig zu werden. Vielmehr sucht sie sich auch eine Stelle. So werden Sie auch Ihren Ehemann suchen müssen.

Wie kann das geschehen?

Hüten Sie sich vor Kaffeekränzchen mit anderen ledigen Frauen, die nur zusammenhocken, um ihr Los zu beklagen. Solche Unterhaltungen erzeugen Bitterkeit, Verzweiflung und Depressionen. Dazu ist die Zeit jedenfalls zu schade. Sie müssen arbeiten. Resigniert auf alle Kontakte und Möglichkeiten zu verzichten, um gläubige junge Männer kennenzulernen, ist nicht der richtige Weg.

Gehen Sie dorthin, wo Sie Kontakte finden können! Nehmen Sie in Ihrem Urlaub an Freizeiten teil und besuchen Sie Mitarbeiterseminare! Natürlich sollte das nicht der einzige – und nicht einmal der hauptsächliche – Grund für Ihre Teilnahme sein. Aber warum sollte eine Wochenendfreizeit, eine Tagung oder ein Seminar nicht eine Möglichkeit bieten, den Lebensgefährten zu finden?

Die eine oder andere Familie in der Gemeinde, zu der Sie Vertrauen haben, sollte über Ihren Heiratswunsch Bescheid wissen. Sie kann Ihnen vielleicht einen Rat geben oder Sie zusammen mit anderen jungen Leuten einladen. Sprechen Sie auch mit verheirateten Frauen, deren geistliche Reife Sie achten und schätzen; besonders mit solchen, die vielleicht ebenfalls spät geheiratet haben. Erkundigen Sie sich bei ihnen, wie sie ihre Probleme gelöst haben. Sie bekommen möglicherweise ein paar gute Tipps, die Ihnen weiterhelfen.

Es kann sehr verschieden sein, was Sie unternehmen. Hauptsache, es geschieht zur Ehre Gottes und steht im Einklang mit seinem Wort und Willen.

Wenn Gott Sie wirklich in die Ehe führen will und Sie sich darauf vorbereiten, dann dürfen Sie damit rechnen, dass Gott Ihnen zur rechten Zeit den richtigen Mann zuführen wird.

Sie können dann ruhig und zuversichtlich darauf warten, dass Gott handelt. Mag sein, dass er Sie auf seine Art und Weise, die Sie nicht begreifen, augenblicklich noch für Ihre kommende Aufgabe vorbereiten will. Ein verkrampftes Suchen nach einem Partner offenbart Angst und Misstrauen gegenüber dem Herrn, der uns liebt und den besten Weg führen will.

Sie mögen noch manche Enttäuschung erleben; doch wenn Sie das, was in Ihrer Hand liegt, tun und dann alles Gott überlassen, dann dürfen Sie sicher sein, dass das Ergebnis ihn ehren und Ihnen Segen bringen wird.

Vom Mythos des Zusammenpassens

Zusammenpassen ist ein gefährliches Wort. Was darunter gewöhnlich verstanden wird, ist hinsichtlich der Ehe irreführend und unbiblisch. Wenn Christen und Nichtchristen sich danach richten, kann das verheerende Folgen haben.

Man meint, wo die Persönlichkeiten, Interessen oder Lebenseinstellungen zweier Menschen harmonieren, sind bessere Voraussetzungen für eine gute Ehe vorhanden als dort, wo diese Übereinstimmung fehlt.

Die Bibel gibt uns keinerlei Anhaltspunkte für die Richtigkeit dieser Behauptung. Die Vorstellung, dass zwei Menschen, weil sie den gleichen sozialen Hintergrund haben, beide gern Tennis spielen und er fünf Jahre älter ist als sie, voraussichtlich eine gute Ehe führen werden, kann sich nicht auf die Bibel stützen. Es ist notwendig, den Begriff des »Zusammenpassens« von der Bibel her zu überprüfen.

Die biblische Sichtweise besteht darin, dass es keine zwei Menschen gibt, die wirklich zusammenpassen, gleichgültig, ob sie einem ähnlichen Milieu entstammen oder nicht. Nach dem Urteil Gottes sind wir alle Sünder. Das heißt auch, dass wir schon von Natur aus einen Menschen neben uns nicht dulden.

Zwei Menschen passen nur dann zusammen, wenn sie durch Jesus Christus »eins« werden und sich dann – durch Gottes Gnade – um das Zusammenpassen im praktischen Leben bemühen. Von Haus aus passen die Menschen nicht zusammen. Sie können lediglich durch das Wirken des Heiligen Geistes in ihrem Leben mit der Zeit dahin gelangen.

Nach welchen Gesichtspunkten soll man den Ehepartner wählen?

Zunächst müssen beide, er und sie, Christus als ihren Herrn kennen, lieben und konkret mit ihm leben. Dann müssen beide nicht nur den Wunsch, sondern auch die Fähigkeit besitzen, ihre Probleme nach biblischen Normen zu bewältigen.

Soziologische, wirtschaftliche, ethnische, altersmäßige und andere Faktoren spielen wohl eine gewisse Rolle, sind aber nicht ausschlaggebend. Der eine wirklich wesentliche Faktor (abgesehen vom persönlichen Glauben) ist die Fähigkeit, Probleme nach den Maßstäben der Bibel zu lösen.

Wenn Eheleute es nicht lernen, ihre Schwierigkeiten auf biblische Weise zu überwinden, dann schaffen auch gleiche Herkunft und gleicher Bildungsstand kein harmonisches Zusammenleben.

Darum ist es wichtig, sich vor einer Bindung zu prüfen: Können wir unsere Probleme (die nicht ausbleiben werden) gemeinsam nach den Maßstäben der Bibel lösen? Sie werden auch weiterhin jahraus, jahrein mit Schwierigkeiten kämpfen müssen. Die Hauptfrage wird dann nicht lauten, ob Sie beide die Realschule besucht haben, sondern: »Wie packen wir auftauchende Probleme gemeinsam auf biblische Weise an?«

Schlagen Sie sich jeden infrage kommenden Ehepartner aus dem Kopf, der Problemen aus dem Wege geht, der alle Schwierigkeiten bagatellisiert, der sich nach der breiten Masse richtet und nicht auf der Basis biblischer Prinzipien mit Ihnen eine Ehe führen will.

Natürlich kann sich dies alles auch auf Sie selbst beziehen. Solange *Sie* nicht Jesus Christus als den Herrn Ihres Lebens akzeptieren und seine Maßstäbe sowie Prinzipien anwenden, sind Sie unfähig, eine wahrhaft christliche Ehe einzugehen.

Testfragen für Unverheiratete

Halten Sie sich persönlich für geeignet, eine Ehe zu führen? Tragen Sie ein, was Sie als Christ tun müssen, um sich auf die Ehe vorzubereiten!

So bin ich
So sollte ich nach Gottes Willen sein
Folgendes muss ich tun, um so zu werden, wie ich sein sollte
Meine besondere Aufmerksamkeit sollte ich auf folgende Gebiete richten
Dafür sollte ich beten
Hier sollte ich mich auf die Ehe vorbereiten – Haushaltsführung – Äußere Erscheinung – Im Glauben wachsen – – –
Erreichte Fortschritte

Testfragen für Verliebte

Ist .... gläubiger Christ?

○ Ja   ○ Nein   ○ Nicht sicher

Die Voraussetzung für eine Ehe sollte die Bejahung dieser Frage sein.

Haben .... und ich den festen Willen, unsere Probleme auf biblische Weise zu lösen?

○ Ja   ○ Nein   ○ Nicht sicher

Hat es sich gezeigt, dass wir dazu gemeinsam imstande sind?

○ Ja   ○ Nein   ○ Nicht sicher

Eine Heirat sollte nur unter der Voraussetzung, dass diese Fragen voll bejaht werden können, ernsthaft ins Auge gefasst werden.

Führen Sie die Lösungen von mindestens fünf Problemen auf, die Sie zusammen nach biblischen Prinzipien bewältigt haben. Es sollte sich um Probleme handeln, bei denen Sie verschiedener Meinung waren, schwierige Entscheidungen fällen mussten, Auseinandersetzungen hatten oder persönliche Gegensätze zu überbrücken waren.

Problem	Lösung	Wege zur Lösung

Die ideale Ehefrau

An keiner anderen Stelle der Bibel werden die Aufgaben der Ehemänner und -frauen so konkret genannt wie in Kapitel 5 des Epheserbriefs. Auf der Grundlage der Schöpfungsgebote zeigt es, wie eine christliche Ehe aussieht.

Inhaltlich gehören die Verse 22-24 und 25-33 eng zusammen. Zunächst interessiert uns besonders die erste Versgruppe. Es ist Gottes Wort an die Ehefrauen: »Ihr Frauen, ordnet euch euren eigenen Männern unter, als dem Herrn. Denn der Mann ist das Haupt der Frau, wie auch der Christus das Haupt der Versammlung ist; er ist des Leibes Heiland. Aber wie die Versammlung dem Christus unterworfen ist, so auch die Frauen den Männern in allem« (Eph 5,22-24).

Bei der Arbeit in der Seelsorge zeigt sich Folgendes: Angesichts schwerwiegender Probleme in einer Ehe kommt fast immer die Tatsache hinzu, dass Mann und Frau ihre spezifischen Aufgaben nicht erfüllen. Gewöhnlich sind die Rollen vertauscht. Man akzeptiert nicht die Aufgaben des Mannes und der Frau, wie Paulus sie in diesen Versen umrissen hat. Und das erschwert nicht nur die Lösung anderer Probleme, sondern bringt zusätzliche Schwierigkeiten mit sich. Das Ergebnis ist ein labiler, unbefriedigender und unzulänglicher »Waffenstillstand«, wobei einige Funktionen vom Mann und einige von der Frau übernommen werden.

Es ist deshalb wichtig, zu erkennen, was in der Ehe jeweils in den Verantwortungsbereich des Mannes und der Frau fällt und wie die entsprechende Aufgabenverteilung in einer christlichen Familie verwirklicht werden kann.

Man kann rasch zum Kern des zitierten Bibelwortes vordringen, indem man zwei Fragen stellt: Ihr Männer, liebt ihr eure Frauen so sehr, dass ihr bereit seid, für sie zu sterben? Ihr Frauen, liebt ihr eure Männer so sehr, dass ihr bereit seid, für sie zu leben?

Darum geht es. Der Mann muss lernen, seine Frau so zu lieben, wie Jesus Christus seine Gemeinde liebt. Das heißt, dass er auch nicht davor zurückschreckt, sein Leben für sie hinzugeben. Andererseits soll die Ehefrau ihren Mann so sehr lieben, dass sie bereit ist, für ihn zu leben. Dies bedeutet, dass sie ganz in der Hilfe für ihn aufgeht und damit für ihn so lebt, wie die Gemeinde für Jesus Christus leben soll.

Beide Forderungen sind nicht leicht zu erfüllen, aber es sind Forderungen Gottes. Er, der sie stellt, kann uns helfen, ihnen gerecht zu werden.

Emanzipation oder Unterordnung?

Ihr Frauen, Gott erwartet von euch so viel Liebe zu euren Männern, dass ihr euch ihnen genauso bereitwillig unterordnet wie die Gemeinde dem Herrn.

»Moment mal! Das ist doch wohl nicht Ihr Ernst?!«, werden Sie an dieser Stelle vielleicht einwerfen. »Wollen Sie mir wirklich heute noch mit diesen alten Paulusworten kommen? Wagen Sie tatsächlich, der modernen Emanzipationsbewegung zum Trotz, uns so etwas zuzumuten? Wissen Sie nicht, dass diese Auffassung von der Ehe längst überholt ist? Wir sind doch nicht im Orient, wo die Frauen drei Schritte hinter den Männern gehen müssen. Sie glauben doch wohl selbst nicht, was Sie uns da erzählen?!«

Wenn ich sage: »Doch!«, werden Sie möglicherweise fortfahren: »Diese Vorstellungen beschränken sich nicht nur räumlich und zeitlich auf einen bestimmten Kulturkreis, man muss auch bedenken, dass sie von Paulus, einem alten Junggesellen, stammen. Der wusste doch gar nicht, wovon er redete!«

Solche Ausflüchte sind jedoch gefährlich. Was Paulus schreibt, das schreibt er im Auftrag Gottes. Wer seine Lehre haarsträubend findet, sollte weder ihm noch mir Vorwürfe machen.

Wer Paulus als einen Frauenfeind oder eingefleischten Junggesellen bezeichnet, der keine Ahnung von der Ehe hat, hat seine Worte und seine Gesinnung völlig missverstanden. Tatsächlich hat kein anderer Verfasser der neutestamentlichen Schriften positivere Worte über die Frauen gefunden als er. Man lese nur gelegentlich seine Briefe, wie z. B. die Schlusskapitel des Römerbriefs.

Paulus liebte die Frauen. Auch was er an die Korinther und an Timotheus schreibt (1Kor 14,34ff.; 1Tim 2,9ff.) entspringt nicht persönlicher Angriffslust. Wir können seine Worte nicht als Vorurteile eines verknöcherten alten Junggesellen abtun. Man kann sich auch nicht über sie hinwegsetzen mit der Begründung, dass sie zeitgebunden seien. Wenn er im 1. Korintherbrief und im 1. Timotheusbrief die Unterordnung der Frau fordert, dann nicht mit Rücksicht auf eine damalige Sitte. Er begründet seine Anordnungen mit dem Hinweis auf Schöpfung und Sündenfall: »Adam wurde zuerst gebildet, danach Eva.«[11] Er betont: Der Mann ist nicht für die Frau, sondern die Frau ist für den Mann erschaffen worden.

Paulus beruft sich nicht auf die Kultur des Vorderen Orients, Griechenlands oder Roms. Vielmehr beruft er sich auf die Schöpfung – auf die Art und Weise, wie Gott selbst die Aufgaben verteilte.

In 1. Timotheus 2,13ff. betont Paulus, dass die Frau nicht nur deshalb dem Mann untertan sein soll, weil er als Erster geschaffen und sie ihm zugeordnet wurde, sondern auch deshalb, weil sie es war, die zuerst sündigte. Paulus beruft sich auf Gottes Wort an Eva nach dem Sündenfall: »Er aber wird über dich herrschen.«[12]

Paulus lässt sich bei seinen Ausführungen in Epheser 5 also nicht von kulturellen Gesichtspunkten leiten, sondern von den fundamentalen Gegebenheiten, die seit der Schöpfung und dem Sündenfall bestehen. Nicht mehr und nicht weniger bzw. nichts anderes steht hinter seinen Worten von der Unterordnung der Frau.

---

11 Vgl. 1. Timotheus 2,13.
12 Vgl. 1. Mose 3,16.

Die göttliche Ordnung in der Familie

Nachdem wir diese Einwände zurückgewiesen haben, können wir jetzt die Bedeutung der göttlichen Ordnung in der Familie sorgfältig erwägen. Ich möchte meine Leserinnen jedoch bitten, nicht voreilig abzuschalten. Sie dürften angenehm überrascht sein, wenn sie erfahren, was Unterordnung im biblischen Sinne bedeutet.

Paulus beginnt mit folgenden Worten: »Ihr Frauen, ordnet euch euren eigenen Männern unter, als dem Herrn« (Eph 5,22). Er sagt im Grunde: Auf die gleiche Weise, wie ihr dem Herrn untertan seid, sollt ihr euch eurem Mann unterordnen.

Dann fährt er fort: »Denn der Mann ist das Haupt der Frau, wie auch der Christus das Haupt der Versammlung ist« (V. 23). Christus ist »Haupt« seiner Versammlung bzw. Gemeinde. Er weist ihr die Richtung, die sich einschlagen soll, und sein Wort ist für sie maßgebend.

Schließlich erklärt Paulus: »Aber wie die Versammlung dem Christus unterworfen ist, so auch die Frauen den Männern in allem« (V. 24).

Das ist eine große Zumutung. Man hat deshalb versucht, diese Worte anders auszulegen und sie abzuschwächen; man hat sie entstellt und ignoriert. Ihr Sinn ist jedoch völlig eindeutig, wie man sie auch dreht und wendet. Paulus schärft den Ehefrauen in diesen drei Sätzen ein, dass sie sich zu Hause der Autorität ihrer Männer unterordnen sollen. Sie sollen gehorsam sein. An einer anderen Stelle der Bibel sagt Petrus, der ja verheiratet war, genau das Gleiche (1Petr 3,1ff.). Niemand wird Petrus deshalb vorwerfen können, er sei ein Frauenfeind.

Sie, als Frau, müssen es lernen, sich unterzuordnen, ob es Ihnen gefällt oder nicht. Es gibt hier keine andere Wahl. Es heißt nicht, das sei etwas Schönes. Es heißt nicht, dass alle glücklicher sind, wenn sie es tun. Es heißt nicht, dass dadurch in Ihrer Familie alles glattgeht. Die Bibel sagt, dass die Frau gehorchen muss. Und zwar nicht in erster Linie wegen der Vorteile, die sie und ihr Mann dadurch haben, sondern weil beide durch ihr Verhältnis zueinander die Beziehung Jesu Christi zu seiner Gemeinde bezeugen sollen.

Darum geht es. Sie können die Liebe, die die Gemeinde für Jesus Christus empfindet, nicht beispielhaft darstellen, wenn Sie diese Art von Liebe nicht für Ihren Mann empfinden. Und sie muss in einem gehorsamen Leben sichtbar werden.

Mag sein, dass Ihre schlimmste Befürchtung, Paulus könnte verlangen, dass Sie Ihrem Mann gehorchen, eingetroffen ist. Paulus hat wohl gewusst, dass viele diese Ordnung als Zumutung empfinden und sich dagegen sträuben werden. Das mag der Grund sein, weshalb er sie dreimal in diesen Versen[13] auf dreierlei Weise wiederholt. Er meint es tatsächlich so.

Unterordnung – was heißt das?

Jetzt müssen wir schnell einige Missverständnisse klären: Unterordnung macht nicht unfrei, sondern ermöglicht Freiheit. Wann ist ein Zug beweglicher: auf den Schienen oder daneben? Wenn er an die Gleise »gebunden« ist oder wenn er »unabhängig« davon durchs Gelände rumpelt?

Dort, wo er hingehört, ist er am beweglichsten. Dort kann er seine Bestimmung am besten erfüllen. Die Beschränkung auf das Gleis bedeutet also, dass der Zug seiner eigentlichen Bestimmung gerecht werden kann. Wenn es daher um Bindung geht, ist die Fähigkeit gemeint, die entsprechende Aufgabe bestimmungsgemäß zu erfüllen. Sich auf das rechte Gleis zu begeben, bringt in Wirklichkeit Freiheit.

Wer sich an die Orgel setzt und meint: »Auf Orgelschule und Üben pfeife ich!«, ist noch lange kein freier Komponist. Er zieht die Register und produziert mit dem Fuß ein fürchterliches Getöse. Dann probiert er es mit den Händen: Es sind lediglich

---

13 Damit ist der gesamte Abschnitt (5,22-33) gemeint. Die dritte Anweisung an die Frauen bezüglich der Unterordnung findet sich in V. 33, wo sie etwas anders formuliert ist. Auf diese dreimal vorkommende Anweisung wird in den späteren Ausführungen des Buches nochmals Bezug genommen (vgl. S. 79).

eigenartige Geräusche zu hören, die mit Orgelmusik rein gar nichts zu tun haben. Wer so vorgeht, erfährt die Begrenzung infolge seiner Unwissenheit, durch sein mangelndes Können und aufgrund der Tatsache, dass er nie geübt hat. Nur wer sich auf den langen, mühevollen Weg der Beschränkung begibt, wer innerhalb der Regeln und Gesetze der Musik arbeitet, hat die Chance, eines Tages sein eigener Komponist sein zu können.

In der Welt gibt es keine Freiheit außerhalb der göttlichen Ordnung. Wer die Freiheit besitzt, gemäß der Absichten Gottes zu leben, der ist frei.

Es ist heutzutage viel von der Befreiung der Frau die Rede. Paulus möchte sie auch. Doch der von ihm im göttlichen Auftrag gewiesene Weg dahin ist ein völlig anderer: Wenn die Frau die Autorität des Mannes in der Familie anerkennt, gewinnt sie wahre Freiheit.

In Gottes runder Welt können Sie nicht wie ein Viereck leben. Sie können versuchen, sich Ihrer Bestimmung zu entziehen. Sie können versuchen, neben den Gleisen auf dem freien Feld vorwärtszukommen oder sich in unbekümmertem Entfaltungsdrang (der in Wirklichkeit Zügellosigkeit ist) an die Orgel zu setzen: Mit Freiheit hat das nichts zu tun.

Doch was bedeutet Unterordnung? Das ist die wichtige Frage, die zu beantworten ist. Das Wort hat einen negativen Klang, weil sich Vorstellungen damit verbinden, die mit der Bibel nicht im Entferntesten zu tun haben. Selbst manche Christen haben gemeint, hier eine Bestätigung für ihre Herrschergelüste zu finden. Sie haben die natürlichen Befähigungen und geistlichen Gaben ihrer Frau unterdrückt, die der Familie viel Freude und der Gemeinde reichen Segen hätten bringen können.

Wenn das Wort »Unterordnung« fällt, hören viele: Die Frau wird zu einer Sache erniedrigt, worüber der Mann nach Belieben verfügen kann. Sie muss sich ihm beugen und vor ihm gleichsam auf die Knie fallen. Dabei darf sie niemals auch nur einen Gegenvorschlag machen oder einen Einwand vorbringen. Sie muss »ihm« gehorchen und darf weder Fragen stellen noch Ratschläge erteilen.

Mag sein, dass das im Islam so ist oder im alten Japan so war, aber dem biblischen Begriff der Unterordnung entspricht dieses Bild in keiner Weise. Der Mann, der seine Frau zur Sklavin macht, kann sich dabei nicht auf die Bibel berufen. Niemand darf die Gaben, die sie als Ehefrau von Gott empfangen hat, ignorieren oder gar unterdrücken, sagt die Bibel.

Um zu verstehen, wie die Bibel das Verhältnis von Mann und Frau sieht, wenden wir uns einer Stelle zu, die die Rolle des Mannes als Familienoberhaupt erklärt: 1. Timotheus 3,4-5 (ein Abschnitt, der im Kontext von V. 1-13 steht). In diesem Teil des Briefs nennt Paulus die Voraussetzungen für die Ältesten in der Gemeinde. Älteste können nur diejenigen werden, die durch ihr Leben beispielhaft bezeugen, was Gott von allen verlangt. Ein Ältester muss erstens, so sagt Paulus, ein guter Ehemann und Vater sein. Wenn er nicht seiner Familie vorstehen kann, so wird er auch nicht imstande sein, die Gemeinde zu führen.

Was ist mit »der Familie wohl vorstehen« gemeint? Nach den Worten des Paulus besteht der entsprechende Sachverhalt darin, dass der Betreffende in seiner eigenen Familie das letzte Wort behält und seine Kinder ausgewogen erzieht, weil er seine Autorität in der rechten Weise anwendet. Das Ergebnis wird Gehorsam und Achtung sein.

Das Schlüsselwort ist das Wort »vorstehen« bzw. »führen«. Der Mann hat die Aufgabe, seine Familie zu führen. Das ist die treffendste Übersetzung des benutzten griechischen Verbs *proistemi*. Er wird als jemand dargestellt, der zwar die Oberaufsicht führt, aber nicht alles selbst macht. Seine Tüchtigkeit zeigt sich darin, dass er andere zur Mitarbeit anspornt, Begabungen entdeckt, entwickelt und einsetzt. Das sind Voraussetzungen für einen leitenden Bruder in der Gemeinde, und dieselben Eigenschaften muss ein Ehemann bzw. Vater haben.

Als Oberhaupt ist der Mann die letzte Instanz in der Familie.

Als »Haupt« kann er nicht die Arbeit der übrigen Glieder tun. Dass er »Haupt« ist, bedeutet für ihn nicht, sämtliche Fragen zu lösen und seiner Frau das Denken abzunehmen. – Keineswegs! Er soll vielmehr erkennen, dass Gott ihm in seiner Frau eine Hilfe gegeben hat.

Ein gutes Oberhaupt wird sich seine Gehilfin ansehen und sagen: »Sie hat diese und jene Fähigkeiten. Wenn der Haushalt in Ordnung gehalten und das Familienleben nach biblischen Maßstäben gestaltet werden soll, muss ich dafür sorgen, dass sie all ihre Gaben entwickelt und so viel wie möglich einsetzt.« Er wird nicht im Traum daran denken, ihre Persönlichkeit verkümmern zu lassen, sondern vielmehr alles tun, damit diese zur vollen Entfaltung kommt.

Wenn er z. B. schon immer schwach im Rechnen war, wird er Gott danken, dass seine Frau eine Begabung dafür hat. Er wäre ein Versager und ein schlechtes Familienoberhaupt, wenn er seiner Frau dann nicht die Finanzen anvertrauen würde.

Er zieht sich deshalb nicht aus der Verantwortung zurück und drückt sich nicht vor seinen Verpflichtungen. Es wäre aber unklug von ihm, die Gaben, die Gott seiner Frau gegeben hat, nicht einzusetzen, und zwar so weitgehend wie möglich.

Dass der Mann Oberhaupt der Familie ist, darf also keineswegs mit der Unterdrückung der Frau gleichgesetzt werden. Im Gegenteil, diese Tatsache bildet die Grundlage für die Entfaltung ihrer Persönlichkeit zur Ehre Gottes und zum Segen für ihre Familie.

Die ideale Frau (Spr 31,10-31)

»Aber im Alten Testament kommen die Frauen nicht so gut weg«, wenden Sie ein. Nun, was sagt das Alte Testament zu unserem Thema? Betrachten wir die ideale Frau, wie das Alte Testament sie darstellt (Spr 31,10ff.).

Sie wird »eine tüchtige Frau« genannt (V. 10); dieser Ausdruck muss wörtlich jedoch mit »eine vielseitig begabte Frau« wiedergegeben werden. Und diese Begabungen nutzt sie mit voller Unterstützung ihres Mannes.

Sie ist eine »befreite Frau«, die sich in keiner Weise unterdrückt fühlt. Ihr Leben ist erfüllt, sinnvoll und produktiv. All dies (und noch mehr) liegt in dem Ausdruck »eine vielseitig begabte Frau«.

»Denn ihr Wert steht weit über Korallen. Das Herz ihres Mannes vertraut auf sie, und an Ausbeute wird es ihm nicht fehlen« (V. 10b-11). Er kann ihr ohne Bedenken vieles anvertrauen, und sie wird ihn nicht enttäuschen. Das ist der Grundgedanke.

Betrachten wir im Einzelnen, wie diese Frau lebt: »Sie erweist ihm Gutes und nichts Böses alle Tage ihres Lebens« (V. 12). Sie ist auf ihren Mann ausgerichtet, denn sie hat ihre Aufgabe erkannt. Sie sorgt sich um ihn; sie liebt ihn, und das ganz praktisch: Sie erweist ihm Gutes. Sie ist bereit, für ihn zu leben. Das steht von vornherein fest.

»Sie sucht Wolle und Flachs und arbeitet dann mit Lust ihrer Hände« (V. 13). Es ist ein Unterschied, ob man die täglich anfallenden Arbeiten (Tätigkeiten wie Spinnen und Weben gehörten damals dazu) freudig erledigt oder als leidige Notwendigkeit betrachtet, wie dies bei so vielen Frauen heute der Fall ist.

Warum macht die Tätigkeit im Haushalt so vielen Frauen so wenig Spaß? Weil sie nicht gelernt haben, ihre täglichen Pflichten froh in Angriff zu nehmen. Stattdessen sitzen sie herum und beklagen ihr hartes Los, Hausfrauen zu sein: »Immer wieder dieselbe Arbeit! Dreimal täglich der Abwasch; tagaus, tagein dasselbe Geschirr: Spülmaschine ausräumen, essen, Spülmaschine ein- und ausräumen, essen, Spülmaschine ein- und ausräumen, essen. Und dann immer wieder dieselbe Wäsche. Man kann sie schon nicht mehr sehen: immer wieder waschen, bügeln ...« Von dieser Feststellung ist es nicht mehr weit bis zu den Worten: »Immer derselbe Mann, dieselben Kinder!«

Ohne Hausarbeiten geht es jedoch nicht in dieser Welt. Aber manche Frauen, die nicht berufstätig sind, zerfließen vor Selbstmitleid. Sie denken: »Mein Mann, der hat es gut. Er geht aus dem Haus und trifft bei seiner Arbeit interessante Leute.«

Vielleicht ist dies tatsächlich der Fall. Aber manche Frauen scheinen nicht zu wissen, dass ihr Mann sich genauso immer wieder mit Kleinkram abplagen muss wie sie.

»Sie haben gut reden!«, entgegnet mir jemand. »Gerade Sie als Seelsorger kommen ständig mit interessanten Menschen zusammen.« Gewiss! Stunde für Stunde höre ich beispielsweise Frauen zu, die mir erzählen, wie schlecht sie es zu Hause haben.

Genug davon! Jeder hat sein tägliches Einerlei. In einer von Sünde beherrschten Welt haben wir alle Probleme. Ihr Mann, liebe Leserin, hat es jedenfalls nicht leichter als Sie. Er führt auch keineswegs ein abwechslungsreicheres oder romantischeres Leben. Mann und Frau müssen lernen, ihre Arbeit froh zu tun, wie sie auch aussehen mag.

Das biblische Bild von der befreiten Frau schildert sie als eine Persönlichkeit, die es gelernt hat, ihre Arbeit freudig zu verrichten. Sie hat gelernt, beim Wohnungsputz, beim Bügeln oder beim Bettenmachen fröhlich zu sein. Sie ist dankbar für das Essen, obgleich es ihr Berge von schmutzigem Geschirr einbringt.

Als Mann sollte ich folgenden Vorschlag möglicherweise nicht machen, ich riskiere ihn aber trotzdem, auch wenn ihn meine Leserinnen als typisch männliche Albernheit abtun mögen. Vielleicht haben sie recht. Wenn ich fünfzig Jahre lang (grob gesagt etwa vom 20. bis zum 70. Lebensjahr) kochen müsste, dann würde ich jedenfalls viel mehr darüber wissen wollen als die meisten Frauen. In dieser Beziehung bin ich mir sicher.

Man verstehe mich bitte richtig: Ich kritisiere nicht das Endprodukt. Aber viele Frauen wissen z. B. nicht einmal, warum das Wasser kocht. Sie wissen bestimmt nur wenig oder gar nichts von den chemischen Reaktionen, die zwischen den verschiedenen Lebensmitteln und Gewürzen entstehen.

Ich glaube, dass ich versuchen würde, mir wenigstens die elementarsten Kenntnisse der physikalischen und chemischen

Vorgänge beim Kochen anzueignen, damit ich in etwa wüsste, warum die Substanzen dabei so reagieren, wie es der Fall ist. Man könnte anfangen, ein wenig zu experimentieren und neue Rezepte zu erfinden, ohne befürchten zu müssen, dass man seine ganze Familie vergiftet.

»Typisch männlich!«, wird manche Leserin dazu sagen. Vielleicht; doch eins steht fest: Je mehr Interesse man an einer Sache hat, desto mehr Freude macht sie. Wenn man mit Lust und Liebe darangeht, fällt die Arbeit leichter.

Die ideale Frau wird auch mit Kaufmannsschiffen verglichen, denn es heißt: »Von fern her bringt sie ihr Brot herbei« (V. 14b). Unsere Urgroßmutter musste das ebenfalls tun. Sie musste jeden Tag Lebensmittel einkaufen: Kühlschränke und Gefriertruhen kannte man damals noch nicht. Auch heute wird die gute Hausfrau überall nach preiswerten Angeboten und guter Qualität Ausschau halten.

Das kostet alles viel Zeit; sie muss daher früh aufstehen, denn sie »bestimmt die Speise für ihr Haus und das Tagewerk[14] für ihre Mägde« (V. 15b).

»Aha«, wird da manche Leserin sagen, »sie hatte Dienstmädchen! Hätte ich eine Hilfe, könnte ich genauso viel schaffen wie sie.« Nun, Sie haben Dienstmädchen, an die diese Frau nicht im Traum dachte: Kühlschränke, Gefriertruhen, Waschmaschinen, Küchenmaschinen, Geschirrspülmaschinen ... In der Küche gibt es doch für fast alles einen Schalter, ausgenommen für die Kinder! Das ist also kein Argument!

»Sie trachtet nach einem Feld und erwirbt es« (V. 16a). Diese Frau befasst sich mit Immobilien. Sie hat offensichtlich eine glückliche Hand dafür, und ihr Mann weiß das auch. Als gutes Familienoberhaupt hat er sich damit einverstanden erklärt, dass sie diese Dinge selbstständig erledigt.

---

14 Eigentlich »der Tagesbedarf« bzw. »das Zugemessene« (vgl. z. B. Anmerkung Elb 2003). Damit kann sowohl der tägliche Bedarf an Nahrung als auch der Umfang der täglichen Arbeit gemeint sein.

Niemand kann behaupten, dass diese Frau unterdrückt wird. Ihr kaufmännisches Talent wird für ihre ganze Familie nutzbar gemacht.

»Von der Frucht ihrer Hände pflanzt sie einen Weinberg« (V. 16b). Sie kauft nicht nur Land, sondern sorgt durch Anlage ihres Geldes auch dafür, dass es Gewinn bringt. »Sie gürtet ihre Lenden mit Kraft und stärkt ihre Arme« (V. 17).

»Sie erfährt, dass ihr Erwerb gut ist; bei Nacht geht ihr Licht nicht aus« (V. 18).

»Sie legt ihre Hände an den Spinnrocken, und ihre Finger erfassen die Spindel« (V. 19). Deshalb »breitet (sie) ihre Hand aus zu dem Elenden und streckt ihre Hände dem Armen entgegen« (V. 20). Weil sie arbeitet und fleißig ist, kann sie auch geben.

»Sie fürchtet für ihr Haus den Schnee nicht« (V. 21a), denn sie hat warme Kleidung für die Ihrigen angefertigt; aber auch für sich selbst näht sie Kleider aus feinsten Stoffen. Diese Frau kauft sich einen Schnitt und setzt sich an ihre Nähmaschine. Das Resultat ist sichtbar. Sie trägt hübsche Kleider, die sie selbst geschneidert hat.

Und »ihr Mann ist bekannt in den Toren, wenn er bei den Ältesten des Landes sitzt« (V. 23). Diese Stelle dürfen wir nicht missverstehen. Es ist nicht so, dass sie sich den ganzen Tag zu Hause abrackert, während ihr Mann herumbummelt. Wer nach biblischem Sprachgebrauch »in den Toren« sitzt, nimmt eine entsprechende Stellung im Stadtrat bzw. in der Gemeindeverwaltung ein. Der Vers drückt also aus, dass man ihrem Mann ein hohes Amt anvertraut hat. Er gehört zu den führenden Männern der Stadt, und sie hat ihm nach besten Kräften dabei geholfen, diese Stellung zu erringen.

»Sie fertigt Hemden an und verkauft sie, und Gürtel liefert sie dem Kaufmann« (V. 24). Sie ist in verschiedenen Gewerbezweigen tätig.

Die Vorstellung, dass Frauen keinen Beruf ausüben sollten, ist falsch. Aber die Frage, ob sie als Ehefrau bzw. Mutter berufstätig sein sollte, hängt einzig und allein davon ab, ob er ihrer Familie nützt oder schadet.

»Macht und Hoheit sind ihr Gewand, und so lacht sie des künftigen Tages. Sie öffnet ihren Mund mit Weisheit, und liebreiche Lehre ist auf ihrer Zunge« (V. 25-26). Diese Frau geht nicht nur in ihrem Haushalt auf. Andererseits ist sie aber auch keine eiskalte Geschäftsfrau, deren Beruf an erster Stelle steht. Sie ist intelligent und aufgeschlossen, auch ihrem Nächsten gegenüber.

Im Buch der Sprüche ist sehr häufig von »Weisheit« die Rede. Damit ist eindeutig göttliche Weisheit gemeint. Diese Frau nimmt sie in Anspruch und wird so für andere zum Segen.

»Sie überwacht die Vorgänge in ihrem Haus und isst nicht das Brot der Faulheit« (V. 27).

»Ihre Söhne stehen auf und preisen sie glücklich, ihr Mann steht auf und rühmt sie: ›Viele Töchter haben tüchtig gehandelt, du aber hast sie alle übertroffen!‹ Die Anmut ist Trug, und die Schönheit Eitelkeit; eine Frau, die den HERRN fürchtet, sie wird gepriesen werden. Gebt ihr von der Frucht ihrer Hände; und in den Toren mögen ihre Werke sie preisen« (V. 28-31).

Die letzte Instanz

Diese alttestamentliche Darstellung entspricht dem biblischen Ideal einer befreiten Frau. Was Sie auch dagegen einzuwenden haben, ich bleibe dabei: Diese Frau ist glücklich! Das spricht aus jedem Vers. Sie führt ein wahrhaft »erfülltes« Leben, wie wir heute sagen würden. Sie ist in jeder Beziehung eine Frau, die ihre Gaben und Talente, die Gott ihr mitgab, entfaltet hat. Sie verkümmert nicht. Sie steht auch nicht unter der Fuchtel ihres Mannes, sondern fühlt sich wohl unter seiner Leitung. Mit Interesse versucht sie, die Aufgaben zu erkennen, die Gott ihr als Gehilfin ihres Mannes zugewiesen hat.

Sie hilft ihm nicht nur, indem sie die Hausarbeit verrichtet, sondern auch dadurch, dass sie Probleme durchdenkt und Entscheidungen trifft. Und ihr Mann ist in jeder Beziehung auf ihre Hilfe angewiesen.

Doch es gibt auch endgültige Entscheidungen, wie dies z. B. bei einem Umzug der Fall sein kann. Wenn sie dann sagt: »Meiner Ansicht nach sollten wir hierbleiben«, und er dagegen meint: »Meiner Auffassung nach sollten wir umziehen«, muss er entscheiden und sie sich ihm fügen. Wenn er, nachdem sämtliche Faktoren in Erwägung gezogen worden sind, immer noch umziehen will, dann weiß sie, dass die Entscheidung gefallen ist.

Das ist Unterordnung. Sie bedeutet keineswegs, dass man nicht darüber spricht. Auch ist damit nicht gemeint, dass man keine Vorschläge macht oder nicht versucht, den anderen zu überzeugen. Sie bedeutet aber, dass der Mann die Verantwortung für seine Familie trägt und dass die Frau dies akzeptiert.

Irgendeiner muss das letzte Wort haben und für die Entscheidungen der Familie vor Gott verantwortlich sein. Wo jeder verantwortlich ist, gibt es in Wirklichkeit niemanden, der die Verantwortung trägt. In jeder menschlichen Institution gibt es eine letzte Instanz. In der Familie, die ja auch eine Institution ist, verkörpert nicht die Frau, sondern der Mann diese Instanz. In dieser Funktion ist er verpflichtet, dafür zu sorgen, dass alles so läuft, wie es nach Gottes Willen laufen soll, und seine Frau muss ihm dabei helfen.

Als Familienoberhaupt hat Ihr Mann eine ganze Reihe schwerer Pflichten zu erfüllen. Die schwierigste und komplizierteste Pflicht besteht vielleicht darin, seine Führungsverantwortung Ihnen gegenüber wahrzunehmen! Denken Sie einmal einen Augenblick darüber nach. Wenn Sie meinen, Unterordnung sei eine harte Sache, so denken Sie an seine Aufgabe. Kann ein Mann überhaupt seine Führungsverantwortung gegenüber seiner Frau wahrnehmen? Ja! Die Antwort steht hier in Epheser 5. Wir werden im folgenden Kapitel näher darauf eingehen. Zunächst lautet die Frage aber einfach folgendermaßen: Gehorchen Sie ihm – unabhängig davon, ob Ihr Mann seine Verantwortung übernimmt oder nicht?

Vor Gott sind Sie dazu verpflichtet. Das gilt auch dann, wenn er die ihm zugedachten Aufgaben nicht wahrnimmt. Petrus weist in seinem ersten Brief darauf hin (Kap. 3). Wir werden auf diesen Punkt noch zurückkommen. Gleichgültig, ob Ihr Mann seine Aufgaben erfüllt oder nicht, Gott fordert von Ihnen, dass Sie ihm in allen Dingen genauso wie dem Herrn gehorchen.

Es gibt eine einzige Ausnahme: Wenn Ihr Mann etwas von Ihnen verlangen sollte, das im Widerspruch zum Wort Gottes steht. Dann kann er sich nicht mehr auf die ihm von Gott verliehene Autorität berufen.

Nehmen Sie beispielsweise die Ehe von zwei Ungläubigen. Sie haben früher ziemlich zügellos gelebt, Partnertausch eingeschlossen. Einer von beiden kommt dann zum lebendigen Glauben an Jesus Christus; nehmen wir an, es sei die Frau. Eines Abends schlägt ihr ungläubiger Mann erneut einen Partnertausch vor und fordert sie damit auf, gegen ein eindeutiges göttliches Gebot zu verstoßen: »Du sollst nicht ehebrechen.«[15] Hier muss sie sich weigern und Gott mehr gehorchen als ihrem Mann.

Diese Ausnahme bildet aber kein Schlupfloch für Frauen, die sich ihrem Mann nicht unterordnen wollen. Sie gilt nur, wenn es sich um eine klare Verletzung der göttlichen Anordnungen handelt. In der Praxis kommen diese Fälle jedoch außerordentlich selten vor.

Was Gott von Ihnen fordert, ist nicht leicht, und unsere sündige Natur neigt dazu, vor seinen Forderungen zurückzuschrecken. Doch mit Gottes Hilfe können Sie die Freude einer wahrhaft befreiten Frau erleben. Fangen Sie an, Ihrem Mann eine gehorsame Gehilfin zu sein, und die Freude an dieser Stellung wird zunehmen.

---

15 Vgl. z B. 2. Mose 20,14.

Sie können ein Leben in Freiheit, das im Einklang mit den göttlichen Geboten steht, kennenlernen. Versuchen Sie es!

Test für Ehefrauen

Bin ich wirklich bereit, mein Leben auf meinen Mann auszurichten und für ihn zu leben? Stellen Sie einmal ehrlich fest, ob Sie sich auf den genannten fünf Gebieten Ihrem Mann unterordnen, und nennen Sie jeweils ein Beispiel dafür.

Gebiete	Beispiele
Haushalt	
Kindererziehung	
Sexuelle Gemeinschaft	
Freunde und Nachbarn	
Beruf des Mannes	

Wenn es Ihnen irgendwo schwerfällt, diese Aufgabe mit Erfolg zu lösen, sollten Sie Ihre Stellung als Ehefrau neu überdenken und vielleicht Ihrem Mann Ihr falsches Verhalten eingestehen. Dann sollten Sie gemeinsam mit ihm Ihre Position vom Wort Gottes her bestimmen.

Der liebende Ehemann

Die Anordnungen des Paulus in Epheser 5,22-33 lassen sich in zwei Fragen zusammenfassen: Ihr Männer, geht die Liebe zu euren Frauen so weit, dass ihr bereit seid, sie zu sterben? Ihr Frauen, ist die Liebe zu euren Männern so groß, dass ihr bereit seid, für sie zu leben? Paulus spricht zuerst die Frauen an und dann die Männer. Wir folgen seinem Beispiel. Wenden wir uns daher jetzt der anderen Frage zu: Wie ist das Verhältnis des Ehemannes zu seiner Frau?

Auf der einen Seite spricht Paulus von Unterordnung. Die Frau soll sich ihrem Mann unterordnen, wie die Gemeinde sich Christus unterordnet. Er sagt das dreimal, und zwar so eindeutig, so klar und so bestimmt, dass es unmöglich ist, diese Verpflichtung umzubiegen.

Gott legt jeder christlichen Ehefrau diese Verantwortung auf – damit es ihr und auch ihrem Mann zum Besten dient. Sie soll ihrem Mann untertan sein, wie die Gemeinde Christus unterworfen ist (V. 23). Paulus erklärt dann die Bedeutung dieser Leitungsaufgabe des Mannes und deren Verpflichtungen:

»Ihr Männer, liebt eure Frauen, wie auch der Christus die Versammlung geliebt und sich selbst für sie hingegeben hat, damit er sie heiligte ... So sind auch die Männer schuldig, ihre Frauen zu lieben wie ihre eigenen Leiber. Wer seine Frau liebt, liebt sich selbst. Denn niemand hat jemals sein eigenes Fleisch gehasst, sondern er nährt und pflegt es, wie auch der Christus die Versammlung. Denn wir sind Glieder seines Leibes ... ›Deswegen wird ein Mensch den Vater und die Mutter verlassen und seiner Frau anhangen, und die zwei werden ein Fleisch sein.‹ Dieses Geheimnis ist groß; ich sage es aber in Bezug auf Christus und auf die Versammlung. Doch auch ihr, ein jeder von euch liebe seine Frau so wie sich selbst; die Frau aber, dass sie den Mann fürchte[16]« (Eph 5,25-33).

Der Gehorsam gegenüber diesem Gebot Gottes mag den Frauen schwerfallen, aber im Vergleich zu dem, was Paulus im göttlichen Auftrag von den Männern verlangt, ist Unterordnung einfach.

Lernen, sich jemandem zu fügen, ist an sich eine schwierige Aufgabe. Sie geht uns gegen den Strich. Wir ordnen uns nicht gern unter. Unser Innerstes bäumt sich dagegen auf. Trotzdem: Verglichen mit dem, was Jesus von den Männern fordert, haben es die Ehefrauen leicht. Das werden wir noch sehen.

Auf der anderen Seite betont Paulus die Autorität der Männer. Daran, wie sie mit ihren Frauen umgehen, soll sichtbar werden, wie Christus seine Gemeinde führt und leitet. Das ist eine gewaltige Aufgabe!

Die Frauen sollen durch ihre Verhaltensweise die Beziehung der Gemeinde zu Christus bezeugen – ein Verhältnis, das eigentlich vollkommen sein sollte. Wir wissen aber alle, dass es in der Praxis oft nicht stimmt. Die liebevolle Herrschaft Christi über seine Gemeinde ist dagegen schon jetzt vollkommen. Sie ist stets gut für uns und immer richtig. Sie berücksichtigt auch das, was noch künftig geschieht, und entspricht in allem dem Willen Gottes.

Und genau so müssen wir handeln. Das ist die Aufgabe, die Gott uns Männern gegeben hat.

Sie überfordert uns ganz offensichtlich. Sündige, schwache Menschen können sie nicht erfüllen. Nur in dem Maße, wie der Geist Gottes im Leben des Mannes wirksam wird, kann seine Position allmählich der Stellung der liebenden Herrschaft des Herrn über seine Gemeinde ähnlich werden. Nichts Geringeres sollen die Männer in ihrem Verhältnis zu ihren Frauen anstreben. In allem, was sie tun, sollen sie Christus zum Vorbild nehmen. Wenn sie versagen, dann nicht nur in der Beziehung zu ihren

---

[16] D. h., dass sie Ehrfurcht vor dem Mann hat (vgl. z. B. RELB).

Frauen, sondern auch im Blick auf den Auftrag, die Liebe Jesu jedem Menschen gegenüber zu verdeutlichen.

Gottes Gebot gilt dem Mann ebenso ausdrücklich wie der Frau. Sie kann also ihre Pflichten nicht mit der Begründung vernachlässigen, nur ihr Mann habe die Aufgabe, die Gesinnung Jesu Christi durch die Ehe zu verdeutlichen. Beide sollen Christus bezeugen, denn beide müssen Christus gehorchen, indem sie seine Gebote befolgen.

Der Unterschied liegt allein in der Funktion. Die besondere Funktion des Mannes bringt es mit sich, dass Jesus besonders verunehrt wird, wenn er versagt.

Der Mann veranschaulicht die Wesensart Jesu Christi dadurch, dass er in der eigenen Familie seine Autorität aufrechterhält. Unterlässt er dies, ist es Sünde. Wenn er versagt, so wiegt das anderen Menschen gegenüber besonders schwer, weil er ihnen Christus nur mangelhaft oder gar nicht bezeugt.

»Familienoberhaupt« – mehr als ein Titel

Wir wollen die Verantwortung, die dem Mann auferlegt ist, noch etwas genauer unter die Lupe nehmen.

Als Christ ist er gegenüber Gott dafür verantwortlich, dass er seiner Familie »vorsteht«. Er ist das »Haupt«.

Die Stellung als Haupt umfasst nicht nur ein Privileg und ein Recht bzw. die bloße Ausübung der Autorität. Es bedeutet nicht in erster Linie, dass der Mann das Zepter schwingt und das letzte Wort behält. Es bedeutet vielmehr vor allem, die Verantwortung auf sich zu nehmen, ohne die es keine Autorität gibt. Die Männer dürfen sich der Verantwortung, die ihrer Stellung als Familienoberhaupt entspricht, nicht entziehen. Sie müssen die Familie wirklich führen.

Wer führen und leiten will, kann sich nicht einfach nur »Führer« nennen lassen. Er muss es wirklich tun. Wer führt, muss über mehr verfügen als nur über äußere Macht. Weitaus wichtiger ist in dieser Beziehung die innere Kraft.

Der Familienvater ist daher für alles verantwortlich, was in seiner Familie geschieht. Hinter seinem Rücken darf nichts passieren. Im Blick auf die Kinder kann es keine wichtigen Entscheidungen geben, an denen er nicht beteiligt ist. Seine Frau sollte zu Hause nichts tun oder sagen, was er nicht billigt. Das ist die Autorität des »Hauptes«, wozu Gott den Mann berufen hat. Diese Aufgabe zu erfüllen, ist in der Tat nicht einfach. Der Mann als Familienoberhaupt muss die Oberaufsicht über die familiären Dinge und Abläufe haben. Dazu gehört auch, dass er sich verantwortlich um seine Frau kümmert. Und das ist wirklich ein Kunststück. Wie kann jemand seine Führungsverantwortung gegenüber seiner Frau wahrnehmen?

Im schon kurz erwähnten Abschnitt aus dem 1. Timotheusbrief (3,1-13) nennt Paulus die Eigenschaften von Männern, die durch ihren Lebensstil für den Dienst eines Ältesten bzw. Aufsehers qualifiziert sind. Ein Ältester soll Vorbild der Gemeinde sein, und zwar dadurch, dass er »dem eigenen Haus wohl vorsteht«. Er hält »die Kinder mit aller Ehrbarkeit in Unterordnung« (V. 4; RELB).

Paulus fährt fort: »Wenn aber jemand dem eigenen Haus nicht vorzustehen weiß, wie wird er für die Versammlung Gottes Sorge tragen?« (V. 5)

In Vers 12 wird auch von den Dienern (Diakonen) gefordert, dass sie »ihren Kindern und den eigenen Häusern wohl vorstehen«. Wir brauchen hier nicht zu erörtern, wie viele verschiedene Personen damals einen Haushalt bildeten. Wir können aber festhalten, dass der Mann als Familienoberhaupt dem gesamten Haushalt vorsteht. Die Kinder werden noch besonders erwähnt. Die gesamte Hausgemeinschaft muss also seiner Leitung unterstehen. Er ist das Familienoberhaupt für alle, die in seinem Haus wohnen.

Vom Umgang mit Ehefrauen

Wir sagten schon, dass die Wahrnehmung familiärer Führungsverantwortung nicht heißt, die Frau an der Entfaltung ihrer Fähigkeiten und Begabungen zu hindern. Es heißt nicht, Entscheidungen zu treffen, ohne den Ehepartner oder die Kinder vorher um ihre Meinung zu fragen. Auch ist damit nicht gemeint, der Frau überhaupt die Befugnis zu nehmen, Entscheidungen zu treffen oder selbstständig zu handeln.

Die Bibel sagt genau das Gegenteil. Wer seiner Familie gut vorsteht, ist imstande, Arbeiten zu delegieren. Er weiß auch, wie er es anstellen muss, dass seine Kinder und seine Frau ihre Gaben für die Gemeinschaft entfalten. Jener Mann, der in den Toren bei den Ältesten des Landes saß (Spr 31), gehörte sicher zu denjenigen, die ihrer Familie gut vorstanden. Der Betreffende hatte die Fähigkeiten seiner Frau als von Gott zugeeignete Gaben entdeckt und sie angespornt, diese zu entwickeln und einzusetzen. Und sie tat es – zum Nutzen ihres Mannes und der ganzen Familie.

So handelt einer, der seine Familie führt. Er wird sich sorgfältig darum bemühen, die Fähigkeiten seiner Frau nicht zu missachten oder verkümmern zu lassen, und bestrebt sein, sie in vollem Umfang zu entfalten. Wer seiner Familie gut vorsteht, erkennt, dass Gott ihm seine Frau als Helferin gegeben hat. Er erinnert sich, dass folgende biblische Wahrheit gilt: »Wer eine Ehefrau gefunden hat, der hat etwas Gutes gefunden« (Spr 18,22; Schlachter 2000).

Sie ist für ihn nicht jemand, den er mit durchfüttern muss, sondern eine wertvolle Hilfe und ein wunderbares Geschenk Gottes. Sie ist seine Gehilfin, und dazu gibt er ihr auch Freiheit – ja, er ermuntert sie dazu.

Miteinander reden

Wer seine Familie führt, hat für alles, was in seinem Haus geschieht, offene Augen und Ohren, aber er steht nicht überall im Vordergrund. Er sieht das Ganze und trägt dafür die Verantwortung. Er weiß zwar, was los ist und wie es sich auswirkt, aber er greift nur im Notfall ein, um etwas zu ändern, um Korrekturen vorzunehmen oder um Hilfe zu leisten.

Das schließt selbstverständlich mit ein, dass er auch selbst etwas Produktives leisten muss. Eine Familie zu führen, war schon immer eine wichtige Aufgabe; in unserer Zeit ist sie ausschlaggebend.

Im vorindustriellen Zeitalter lebte der Mann in der Gemeinschaft des Dorfes. Im Dorf oder in seiner Nähe arbeitete er auch. Das Mittagessen nahm er gewöhnlich zu Hause ein. Reisen waren selten. Heute dagegen fahren viele Männer in die Stadt zur Arbeit, kommen oft erst spät nach Hause und legen sich dann bald schlafen.

So geht das von Montag bis Freitag, und die Männer bekommen ihre Familie bisweilen nur an den Wochenenden zu Gesicht. Auch auf dem Lande ist das nicht viel anders. Die Möglichkeit, ständig mit dem Auto irgendwohin fahren zu können, trägt noch dazu bei.

Der Mann muss sich daher umso mehr bemühen, durch seine Frau über das auf dem Laufenden zu bleiben, was in der Familie geschieht. Mann und Frau sollten regelmäßig besprechen, was in der Familie passiert. Der Ehemann muss sicherstellen, dass alles Erforderliche auch getan wird, und notfalls muss er helfend eingreifen.

Gott hat die Männer ungeachtet der heutigen Lebensverhältnisse nicht von ihrer Verantwortung entbunden. Mag sein, dass ihre Pflichten heute schwerer zu erfüllen sind, doch die heutigen Väter sind genauso verantwortlich, wie es ihre eigenen Väter waren. Umso mehr müssen sie über ihre Aufgaben in der Familie nachdenken und diese gewissenhaft erfüllen.

Nur für Frauen und kleine Kinder?

Wer eine Familie recht führen will, muss sich darum kümmern, dass alle Familienmitglieder versorgt sind. Es muss für Gesundheit, Wohlbefinden, Nahrung und Unterkunft gesorgt werden – für alles, was man allgemein »Lebensbedürfnisse« nennt.

Wenn Männer ihrer Bestimmung nicht gerecht werden, dann gewöhnlich nicht auf diesem Gebiet. Oft versagen sie in ihrer Führungsverantwortung gerade dort völlig, wo sie am stärksten zur Geltung kommen sollte: auf geistlichem Gebiet.

Nach allem Gesagten sollte man meinen, dass die Männer größten Wert legen auf Familienandachten, Bibelstudium im Familienkreis, gemeinsames Gebet, Teilnahme der Familie an den Gemeindegottesdiensten und darauf, dass das Zeugnis der Familie in der Gemeinde den biblischen Maßstäben entspricht. Wir sollten außerdem meinen, dass ihnen die unmittelbare Beziehung der einzelnen Familienmitglieder zu Gott wichtig ist und ihnen am Herzen liegt, wie die Familie in ihrer Gesamtheit vor Gott steht. Man sollte erwarten, dass sich die Männer besonders eifrig um die biblische Unterweisung ihrer Kinder kümmern.

Doch gerade auf diesen Gebieten versagen sie am kläglichsten. Wie oft ist die Frau die Einzige in der Familie, die in dieser Hinsicht Initiative entwickelt! Sie ist diejenige, die immer wieder dazu anregt. Sie muss ständig zu ihrem Mann sagen: »Lass uns heute den Gottesdienst besuchen!«

In vielen christlichen Kreisen wird die Führung in geistlichen Dingen oft mehr von der Frau als vom Mann ausgeübt. Diese Verkehrung der Rollen hat schwerwiegende Folgen.

Was bedeutet sie für die Kinder? Wie lernen Kinder? Was lernen Kinder? Sie lernen zuerst durch Beispiele. Sie lernen, dass die Gemeinde etwas für Frauen ist, aber Männer ohne sie auskommen. Sie lernen, dass die Praxis des christlichen Glaubens für Frauen und kleine Kinder gut ist, Männer sich aber nicht darum kümmern.

Mit dieser Sichtweise des christlichen Glaubens wachsen viele Männer heran. Als ob der christliche Glaube unmännlich wäre! Zu oft wird Christus als verhärmter, schwacher und verweichlichter Mensch dargestellt. Ein solcher Christus hätte die letzten

Tage vor seiner Kreuzigung, vor allem seine letzte Nacht, kaum überstanden. Jesus war kein Schwächling!

Aber weil man derartige Bilder – und »Vorbilder« – immer wieder neu betrachtet hat, ist die Vorstellung eines männlichen Christus nahezu ausgelöscht worden. Die liberalen Weltverbesserer haben das Problem noch verschärft. Der Mann, den sie uns vor Augen stellen, hat nicht die geringste Ähnlichkeit mit dem machtvollen Erlöser, der für sein Volk den Tod am Kreuz erlitt und Teufel bzw. Tod besiegte.

Als Zimmermann war Jesus schwere körperliche Arbeit gewohnt. Eines Tages jagte er die Geldwechsler aus dem Tempel, die mit ihrem Treiben die heilige Stätte schändeten. Er warf ihre Tische um und stieß die Sitze der Taubenverkäufer um, doch niemand leistete ihm Widerstand. Nichts deutet darauf hin, dass irgendeine wundersame Kraft die von der Tempelreinigung Betroffenen daran hinderte, sich ihm zu widersetzen. Im Gegenteil, die Leute waren empört. Aber was sie sahen, war die Macht und Autorität eines Mannes, der vor Gott gerechtfertigt war. Angesichts dessen zitterten sie und ergriffen die Flucht.

Christus war ein Mann! Lesen Sie einmal das 23. Kapitel des Matthäusevangeliums, in dem berichtet wird, wie er die Schriftgelehrten und Pharisäer zurechtweist! Dort werden Sie ihn als denjenigen entdecken, welcher der Sünde mannhaft die Stirn bietet. Diese Männlichkeit zeigt sich auch in seiner Zartheit. Christus schämte sich nicht, Tränen über den Tod eines geliebten Freundes zu vergießen.

Christus ist ein Mann. Väter, die sich sein Führungsprinzip zu eigen machen wollen, müssen seine Eigenschaften widerspiegeln.

Liebende Leitung

Die Führung des Mannes hinsichtlich der Liebe soll der Herrschaft Jesu über seine Gemeinde entsprechen. Sie ist also nicht nur eine Frage der Autorität. Sie ist auch nicht bloß Leitung in dem Sinne, dass etwas funktioniert. Sie umfasst vielmehr eine liebende Leitung. Es geht um Leitung, die so sehr von der Liebe zu Jesus Christus geprägt wird, dass der Mann schließlich fähig ist, seine Frau so zu lieben, wie Christus die Gemeinde liebt. Das heißt, er liebt sie mehr als sein Leben.

Schauen wir uns einmal Epheser 1,22-23a an, wo Paulus Christus als das Haupt der Versammlung bzw. Gemeinde beschreibt. Will ein Mann wissen, wie das Verhältnis zu seiner Frau sein soll, so kann er es anhand dieses Verses erfahren. Es heißt dort: Gott hat »alles seinen Füßen unterworfen und ihn als Haupt über alles der Versammlung (oder besser: für die Versammlung) gegeben, die sein Leib ist.« Mit anderen Worten: Alles, was Jesus Christus empfangen hat, empfing er für seine Gemeinde. Er führt seine Gemeinde zu ihrem Segen, zu ihrem Nutzen und zu ihrem Besten.

Macht, Autorität, Herrlichkeit, Ehre und der Platz zur Rechten Gottes wurden ihm gegeben, damit er sie für seine Gemeinde einsetzt. Seine Leitung ist nicht Selbstzweck, sondern auf die Gemeinde ausgerichtet. Sie ist sein Leib. Er, das Haupt, nährt den Leib, pflegt ihn und sorgt für ihn. Das Haupt lebt und agiert nicht für sich selbst, sondern ist fortwährend auf das Wohl des Leibes bedacht. Es bewahrt den Leib und sorgt für ihn, indem es zu jeder Zeit dasjenige bereitstellt, was zur Wiederherstellung, zur Sicherheit und zum Wohlbefinden der einzelnen Glieder notwendig ist.

Die Herrschaft Jesu Christi schließt eine tiefe Anteilnahme am Ergehen der Gemeinde ein. Zu einer Führung in dieser Gesinnung sind auch die Männer berufen. Sie sind die »Häupter« der Frauen, wie auch Christus das »Haupt« der Gemeinde ist. Und das bedeutet, dass sie nicht unumschränkt, von einem Podest aus, herrschen, während ihre Frauen vor ihnen auf die Knie fallen und ihre Unterwürfigkeit bekunden müssen. Es geht vielmehr um ein Führen, das der Frau dient und sie umsorgt. Es geht um eine Führerschaft in Liebe, die darauf ausgerichtet ist, alles Menschenmögliche für seine Frau zu tun.

Christus liebte die Gemeinde so sehr, dass er für sie sein Leben hingab. Wird er da nicht aus freien Stücken auch alles andere für sie hingeben? »Natürlich!«, sagt Paulus sinngemäß. Und so sollte es auch der Mann im Hinblick auf seine Frau halten. Ein tyrannisches oder willkürliches Herrschen ist ihm nicht gestattet. Führen heißt, in selbstloser Hingabe zu lieben.

Ein Ehemann ist nicht mehr allein. Er kann nicht mehr handeln, wie er gerade Lust hat. (Das darf allerdings nicht einmal der Unverheiratete.) Ein Mann hat gegenüber seiner Frau eine große Verpflichtung. Er hat die Aufgabe (und die Freude), seine Frau bei all seinen Entscheidungen in den Vordergrund zu stellen. Er muss im Hinblick auf sie entscheiden.

Wie Christus gemäß dem Wohl seiner Gemeinde handelt, so muss der Mann bei allem, was er tut, an seine Frau denken. Er muss für sie sorgen. Er muss sie innig lieben, wie Christus seine Gemeinde liebt. Sein Führen, das die Frau auf den ersten Blick zum Widerspruch reizen mag, erweist sich als wohltuend und befreiend.

»Nähren und pflegen«

Paulus spricht dann davon, dass man seine Frau lieben soll wie sich selbst – ja, wie den eigenen Körper. Er zitiert in diesem Zusammenhang einen Vers aus dem Alten Testament (1Mo 2,24) und erinnert daran, dass ein Mann mit seiner Frau eins ist. Die Verbindung ist im biblischen Sinne so eng, dass seine Frau lieben tatsächlich bedeutet, sich selbst zu lieben. Was immer der Mann für seine Frau tut, es betrifft ihn selbst.

Paulus zieht die Schlussfolgerung: »So sind auch die Männer schuldig, ihre Frauen zu lieben wie ihre eigenen Leiber. Wer seine Frau liebt, liebt sich selbst« (Eph 5,28).

Das ist hundertprozentig wahr. Eine glückliche Frau – das bedeutet: ein glücklicher Ehemann. Ein Mann, der seine Frau liebt, empfängt seinerseits Liebe.

Paulus fährt fort: »Denn niemand hat jemals sein eigenes

Fleisch gehasst, sondern er nährt und pflegt es, wie auch der Christus die Versammlung« (V. 29).

Paulus benutzt in diesem Vers diejenigen beiden Worte, die den Gedanken an die größtmögliche Zartheit vermitteln: nähren und pflegen. Im Griechischen sind dies dafür die ausdrucksstärksten Begriffe.

Nun weiß doch jeder, wie er seinen eigenen Leib nähren und pflegen muss! Ein Mann verletzt sich z. B. bei der Gartenarbeit. Er blutet am Arm. Sofort rennt er zum Erste-Hilfe-Schränkchen. Sorgfältig wäscht er die Wunde aus und verbindet den Arm.

Er »nährt und pflegt« ihn vielleicht noch eine ganze Woche lang! Es heißt, Frauen könnten Schmerzen besser ertragen als Männer. Männer empfinden Schmerzen stärker und wissen offenbar, wie sie ihre Verletzungen »nähren und pflegen« müssen.

Wenige Männer wissen jedoch, wie sie ihre Frauen »nähren und pflegen« sollen. Auch Petrus spricht von dieser Notwendigkeit (1Petr 3,7): »Ihr Männer ebenso, wohnt bei ihnen nach Erkenntnis als bei einem schwächeren Gefäß, dem weiblichen.«

Ein Mann muss seine Frau mit Zartgefühl behandeln, weil sie eben »eine Frau ist« und ihr schöpfungsmäßig eine bestimmte Stellung zugedacht wurde. Das entspricht dem, was Paulus hier sinngemäß sagt. Ein Mann sollte von seiner Frau nicht erwarten, dass sie wie ein Mann reagiert. Wenn sich die Männer beschweren, ihre Frauen seien nicht weiblich genug (eine Klage, die man häufig zu hören bekommt), dann sollten sie sich fragen, ob sie ihre Frauen auch als solche behandelt haben.

Ein Mann muss darauf Rücksicht nehmen, welche Rolle seiner Frau und welche ihm zukommt. Er muss ihr Verständnis und Zartgefühl entgegenbringen, damit sie ihrer Aufgabe vor Gott und den Kindern gerecht wird. Er muss versuchen, sich in ihre Lage zu versetzen und alles, was sie zu tun hat, soweit wie möglich vom weiblichen Standpunkt aus zu betrachten.

Wer einem anderen Menschen Verständnis entgegenbringt, versucht, in seine Haut zu schlüpfen. Das ist naturgemäß nur bis zu einem gewissen Grade möglich. Petrus sagt jedoch, dass die

Männer versuchen müssen, zu begreifen, was es bedeutet, eine Frau zu sein.

Einem Ehemann fällt es schwer, seine Frau zu verstehen, wenn sie ihre kritischen Tage mit all den verschiedenen Beschwerden hat. Männer haben für dieses Problem oft kein Verständnis, weil es ihnen selbst nicht zu schaffen macht. Sie sollten sich jedoch nach Kräften bemühen, ihre Frau in dieser Zeit zu verstehen und mit Zartgefühl zu behandeln. Und die Frauen sollten ihnen dabei helfen, indem sie es ihnen erklären.

Ein Mann kann nur schwer verstehen, was es heißt, tagaus, tagein von früh bis spät mit den Kindern allein zu sein. Vielleicht muss sie auch morgens, mittags, abends und auch noch zwischendurch das Baby trockenlegen. Es schadet einem Mann nicht, wenn er seine Frau dabei einmal ablöst, und sei es nur, um sie besser zu verstehen. Es tut ihm gut, ab und zu auf die Kinder aufzupassen und seine Frau einmal ausspannen zu lassen, damit er etwas mehr Verständnis für sie bekommt.

Ein Ehemann muss Einfühlungsvermögen für die Stellung seiner Frau zeigen. Das ist es, wozu Petrus die Ehemänner auffordert.

Aufgestauter Ärger?

In Kolosser 3,18-19 nennt Paulus noch einen weiteren Gesichtspunkt: »Ihr Frauen ordnet euch euren Männern unter, wie es sich geziemt im Herrn. Ihr Männer, liebt eure Frauen *und seid nicht bitter gegen sie*« (Hervorhebung hinzugefügt).

Wie leicht ist ein Mann »bitter« gegen seine Frau! Sie sagen vielleicht: »Warum richtet sie sich nicht nach mir? Wieso kämmt sie sich nicht etwas schneller und sieht zu, dass wir losfahren können? Weshalb muss ich immer im Auto sitzen und auf sie warten? Warum müssen wir jedes Mal zu spät kommen? Ich bin schon anderthalb Stunden vorher fertig. Weswegen kann sie nicht pünktlich sein?« In manchen Männern sammelt sich wegen solcher Dinge viel Bitterkeit an.

Nun, Sie sollten Ihrer Frau sicher helfen, Pünktlichkeit zu lernen, aber Sie dürfen ihr Versagen nicht zu tragisch nehmen. Wenn Sie sich bemühen, sie zu verstehen, werden Sie allmählich mit diesem Problem fertig werden.

Sie sollten nicht ärgerlich sein, wenn Ihre Frau etwas falsch macht. Dies ist einfach darin begründet, dass Sie selbst dafür verantwortlich sind, dass es klappt. Besser ist es, sich zu fragen: »Was habe ich falsch gemacht, und wie muss ich mich in Zukunft verhalten?«

Es ist auch Sache des Mannes, rechtzeitig für die Familie zu sorgen. Wenn er begreift, wie viel Zeit es kostet, vier Kinder zu waschen und anzuziehen, dann wird vielleicht manches besser. Ein Mann kann jedenfalls so manche Situation entschärfen, wenn er mit Hand anlegt. Dies ist weitaus angemessener, als draußen im Auto zu sitzen und wütend die Hupe zu drücken.

Ich möchte die verheirateten Männer unter meinen Lesern fragen: Sorgen Sie sich um Ihre Frau auch nur halb so viel wie um Ihren Körper? Wenn sie ein Problem hat, kümmern Sie sich darum? Nehmen Sie sich die Zeit, ihr zuzuhören? Wenn sie wegen irgendetwas besorgt ist, sind Sie es auch? (Und wissen Sie, wohin Sie sich mit Ihren Sorgen wenden müssen?) Wenn sie unglücklich ist, können Sie trotzdem glücklich sein?

Die engste Beziehung zwischen Menschen ist das Verhältnis zwischen Mann und Frau. Um dafür zu sorgen, dass diese Beziehung eng und innig bleibt, sind liebende Fürsorge und Hingabe notwendig.

Wie man Liebe lernt

Was ist Liebe? Lieben im biblischen Sinne heißt schenken – sich einem anderen hingeben. Es heißt nicht bekommen, auch wenn dies der landläufigen Meinung entspricht. Bei dieser Liebe geht es nicht darum, etwas zu fühlen und zu begehren. Es geht um etwas Aktives. Es geht um etwas, das wir für einen anderen tun.

Niemand liebt abstrakt. Die Liebe ist eine Haltung, die in

etwas Reales, Greifbares mündet. In Epheser 5,25 sagt Paulus, Christus habe die Versammlung bzw. Gemeinde geliebt *und sich selbst für sie hingegeben.* In Johannes 3,16 lesen wir: »Denn so hat Gott die Welt geliebt, dass er seinen eingeborenen Sohn gab.« In Galater 2,20 schreibt Paulus in Bezug auf Jesus Christus: Er hat »mich geliebt und sich selbst für mich hingegeben.« »Wenn dein Feind hungrig ist, gib ihm zu essen; wenn er durstig ist, gib ihm zu trinken« (Röm 12,20). »Tut wohl denen, die euch hassen« (Mt 5,44; Schlachter 2000). Lieben hat in erster Linie nichts mit Gefühlen, sondern damit zu tun, dass man sich einem anderen hingibt.

Die Filmindustrie hat dem modernen Menschen ein verzerrtes Bild von der Liebe vermittelt, und die Musikindustrie nicht weniger. Überall versteht man heute unter Liebe ein Ereignis – etwas, das geschieht.

»Ich konnte nichts dafür«, meinte der Achtzehnjährige, der auf dem Rücksitz des Autos sich vergaß, indem er den rücksichtsvollen Umgang mit seiner Freundin völlig außer Acht ließ. Wie bitte? Er konnte nichts dafür? Vielmehr war er ein Sklave seiner Gefühle, aber kein Liebender. Er wurde von seinen Trieben beherrscht, empfand jedoch keine Liebe. Wer liebt, hat sich immer unter Kontrolle. Die Liebe ist uns geboten.

Christus sagt: »Liebt eure Feinde!«[17] Man kann sich nicht hinsetzen und in ein angenehmes Gefühl für seine Feinde hineinsteigern. Doch wenn Sie einem Feind helfen, indem sie ihm z. B. etwas zu essen oder zu trinken geben, dann geschieht etwas mit Ihren Gefühlen. Wenn Sie sich mit einem anderen Menschen beschäftigen und sich für ihn einsetzen, ruft das in Ihnen etwas wach, das beständig ist: Liebe.

Gefühle müssen ein festes Fundament haben. Diejenigen, die aus dem Geben erwachsen, sind echt und dauerhaft. Aber Gefühle als Fundament der Liebe sind unbeständig.

---

17 Vgl. Matthäus 5,44.

Wer in der Liebe, so wie er sie versteht, nur ein Ereignis sieht, sollte sich fragen: Was passiert, wenn dieses Ereignis vorbei ist? Auf nichts ist so wenig Verlass wie auf Gefühle. Sie sind heute stark und morgen wieder verschwunden. Gefühle sind im Gegensatz zu wahrer Liebe nicht immer zu kontrollieren.

Die Bibel gebietet: »Du sollst den HERRN, deinen Gott, lieben mit deinem ganzen Herzen und mit deiner ganzen Seele und mit deiner ganzen Kraft« (5Mo 6,5). An anderer Stelle heißt es: Du »sollst deinen Nächsten lieben wie dich selbst« (3Mo 19,18). Im Neuen Testament fügt Christus dann das schon erwähnte Gebot der Feindesliebe hinzu (vgl. Mt 5,44). Und Paulus fordert die Männer auf, ihre Frauen zu lieben.

»Wir lieben uns nicht mehr«

Ein Mann kommt mit seiner Frau zur seelsorgerlichen Beratung. Sie sagt: »Ich weiß nicht, warum wir eigentlich hergekommen sind. Unsere Situation ist sowieso hoffnungslos.«

Er bestätigt: »Wir lieben uns nicht mehr.« Aus.

Es ist offensichtlich, dass sie einander völlig gleichgültig geworden sind. Sie erwarten, dass der Seelsorger daraufhin zu ihnen sagt: »Nun, dann wird wohl nichts zu machen sein. Wenn Sie keine Liebe füreinander mehr empfinden, ist Ihre Lage tatsächlich hoffnungslos.« Doch ich sage etwas anderes zu ihnen: »Es tut mir leid, dass Sie das sagen. Ich denke, Sie werden es lernen müssen, einander zu lieben.«

Sie sehen mich erstaunt an: »Was soll das heißen: lernen, einander zu lieben? Wovon reden Sie? Das ist doch lächerlich.«

Nein, das ist nicht lächerlich! Sechs oder acht Wochen später gehen sie wahrscheinlich Hand in Hand nach Hause, in Gefühlen schwelgend und zugleich von Liebe erfüllt, wenn sie es wirklich ernst meinen. Nur Narren glauben nämlich, Liebe steige in voller Blüte vom Haupt der Aphrodite herab. Liebe muss wachsen. Sie muss genährt, gehegt und kultiviert werden. Sie muss auch von Unkraut befreit werden.

Die Liebe hat ihre Probleme, aber wahre Liebe kann groß und stark werden, wenn man sie so pflegt, wie Gott es gebietet.

Für Liebe zuständig

Wenn in der Familie keine Liebe vorhanden ist, dann ist der Mann daran schuld. Die Verantwortung für den liebevollen Umgang in der Familie ist nicht in erster Linie der Frau, sondern dem Mann auferlegt (selbstverständlich sollte sich auch die Frau dadurch auszeichnen, dass sie liebevoll mit den anderen umgeht). Der Mann soll seine Frau lieben, wie Jesus Christus seine Gemeinde liebt.

Es ist ja nicht so, dass Jesus gar nicht umhin konnte, die Gemeinde zu lieben, weil sie so liebevoll und liebenswert war. Vielmehr gilt: Jesus hat uns »zuerst geliebt« (1Jo 4,19), obwohl wir in seinen Augen Feinde und Sünder, widerspenstig, verdorben und verabscheuungswürdig waren.

Er liebte uns trotzdem. Er hat uns erwählt und uns geliebt, obgleich an uns nichts war, was ihm hätte liebenswert erscheinen können.

Ist in einer Familie die Liebe erloschen, dann muss der *Mann* etwas dagegen tun. Die Ausrede gilt nicht: »Ich kann sie nicht lieben, weil sie mich nicht liebt.« Jesus hat uns geliebt, als wir keine Liebe für ihn empfanden. Indem ich mich an die verheirateten Männer wende, möchte ich sagen: Sie sind das Familienoberhaupt! Wenn in Ihrer Familie wenig oder keine Liebe herrscht, dann ist das Ihre Schuld. Gott macht Sie dafür verantwortlich, dass dieser Zustand aufhört. Das geschieht, indem Sie *geben*. Sie müssen Ihrer Frau Ihre Zeit, Ihr Interesse und Ihr Geld zuwenden. Ja, Sie müssen sich selbst ihr zuwenden.

Nehmen Sie sich vor, an jedem Tag dieser Woche etwas Bestimmtes, Konkretes für Ihre Frau zu tun. Und fangen Sie sofort damit an.

Es ist möglich, dass Ihre Frau die von Ihnen entgegengebrachte Liebe nicht erwidert – wie sehr Sie sich auch um sie bemühen. Dennoch kann in Ihrer Familie eine Atmosphäre der Liebe herrschen. Ihre Liebe für sie kann alles durchdringen.

Ist es in Ihrer Familie kalt und langweilig, dann ist es in erster Linie Ihre Sache, das zu ändern. Die Frau wird nicht aufgefordert, ihren Mann zu lieben; sie soll sich ihm fügen. Aber der Mann wird aufgefordert, seine Frau zu lieben.

Überdenkt es, ihr Männer! Ihr habt keine leichte Aufgabe, aber ihr seid gerufen, der Liebe Christi Ehre zu erweisen und sie widerzuspiegeln.

»Einen Augenblick«, sagen Sie, »Sie wollten uns sagen, wie wir unseren Frauen gegenüber unsere Führungsverantwortung wahrnehmen sollen. Stattdessen haben Sie im gesamten Kapitel andere Dinge behandelt und sind mit keinem Wort auf die Frage eingegangen, wie der Mann dieser Führungsverantwortung gerecht werden soll.« Doch, ich habe es erklärt!

Paulus sagt es uns, wenn er uns auffordert: »Liebt eure Frauen.« Ganz persönlich formuliert heißt das: »Liebe *deine* Frau!« So nimmt man gegenüber einer Frau seine Führungsverantwortung wahr. Sie müssen sie lieben. Sie ist nun einmal so beschaffen. Wenn Sie Ihre Frau wirklich lieben, dann können Sie Ihre Verantwortung ihr gegenüber voll und ganz übernehmen.

Und wenn Sie das nicht glauben, dann fangen Sie jetzt damit an!

Testfragen für den Ehemann

Bin ich wirklich Familienoberhaupt?
1. Wissen Sie jederzeit, was in Ihrer Familie geschieht?
2. Üben Sie die Aufsicht aus über das, was in Ihrer Familie gerade vor sich geht? Wurde die Richtung, die sie eingeschlagen hat, von Ihnen angeregt?
3. Wissen Sie, wie es Ihren Kindern und Ihrer Frau geht?
4. Lieben Sie Ihre Frau so, wie Sie sollten (indem Sie sich ihr hingeben)? Nennen Sie zwei Beispiele von heute:
   A.
   B.

5. Haben Sie bewusst die Verantwortung für Ihre Familie übernommen?

Sollten Sie bei der Beantwortung der Testfragen nicht besonders gut abschneiden, ist es für Sie an der Zeit, Ihre gesamte Lebensgestaltung neu zu überdenken!

Nennen Sie nachstehend zehn verschiedene Möglichkeiten, wie Sie anfangen können, Ihre Frau zu lieben. Fangen Sie dann noch heute an, sich zu ändern, indem Sie eine der Möglichkeiten in die Tat umsetzen!

1.
2.
3.
4.
5.
6.
7.
8.
9.
10.

Christliche Erziehung – was ist das?

»Ihr Kinder, gehorcht euren Eltern im Herrn, denn das ist recht. ›Ehre deinen Vater und deine Mutter‹, welches das erste Gebot mit Verheißung ist, ›damit es dir wohlergehe und du lange lebest auf der Erde.‹ Und ihr Väter, reizt eure Kinder nicht zum Zorn, sondern zieht sie auf in der Zucht und Ermahnung des Herrn« (Eph 6,1-4).

Es ist hier nicht möglich, all das im Einzelnen zu besprechen, was die Bibel zum Thema Kindererziehung sagt. Wir müssen uns auf das Wesentliche beschränken. Ein harmonisches Verhältnis zwischen Eltern und Kindern, die beide von Natur aus Sünder sind, entwickelt sich jedenfalls nicht von selbst, sondern erfordert ein erhebliches Maß an Anstrengung.

Warum wendet Paulus sich gerade an die Väter? Wieso nicht an die Mütter? Haben die Mütter nicht von Geburt an einen sehr viel stärkeren Einfluss auf ihre Kinder als die Väter? Sind es nicht die Mütter, die sich tagein und tagaus mit den Kindern abgeben, ihre Unarten ertragen und somit in erster Linie auch für die Erziehung zuständig sind?

In unserer Zeit ist der Familienvater durch seine beruflichen Verpflichtungen meist den ganzen Tag über abwesend. Selbst zum Mittagessen kommt er sehr selten nach Hause. Müsste man sich da nicht eigentlich an die Mütter – oder zumindest auch an sie – wenden?

Es gibt wenigstens zwei Gründe, warum Paulus zu den Vätern spricht.

Erstens: Väter haben eine besondere »Gabe«, ihre Kinder zu provozieren und sie zum »Zorn zu reizen«.

Zweitens: Wenn Paulus die Väter anspricht, redet er zugleich auch die Mütter an. Denn die Väter tragen die Verantwortung für das, was die Mütter tun. Indem er sich an die Väter wendet, spricht Paulus zu denjenigen, denen Gott die Autorität in der Familie übertragen hat.

Der Vater, der seinem »Haus wohl vorsteht« (1Tim 3,4), braucht sich gewiss nicht persönlich um jede Einzelheit der Erziehung seiner Kinder zu kümmern. Er wird das zum großen Teil seiner Frau überlassen. Doch verantwortlich ist er nach wie vor. Er muss im Bilde sein, was geschieht.

Verantwortlich zu sein, bedeutet aber andererseits auch, einen eigenen Beitrag zu leisten. Aus mehreren Bibelstellen geht klar hervor, dass Gott dies von den Vätern erwartet. In 5. Mose 6 werden beispielsweise die Väter ausdrücklich als diejenigen bezeichnet, die ihren Kindern die Fragen des Glaubens beantworten müssen. Das schließt natürlich wiederum die Mütter keineswegs aus (vgl. 2Tim 1,5; Tit 2,3-5).

Die Väter sollen nicht nur die Fragen ihrer Kinder beantworten, sondern sie darüber hinaus auch im biblischen Sinne unterweisen. Sie müssen ihnen die göttlichen Anordnungen, Gebote und Weisungen einprägen und anhand der Bibel erklären. Das soll weniger ein formaler Unterricht sein, sondern diese Unterweisung geschieht im praktischen Leben: wenn sie zusammen in der Sonne liegen, eine Wanderung unternehmen, das Auto waschen oder gemütlich im Wohnzimmer sitzen – kurz, überall dort, wo sich die Möglichkeit dazu bietet.

Die Väter stehen als Familienoberhäupter also nicht »über den Dingen«, wenn es um den persönlichen, unmittelbaren Umgang mit den Kindern und deren Unterweisung geht. Gott wird sie letztendlich für das verantwortlich machen, was in den Familien geschieht. Deshalb wendet sich Paulus an die Väter.

»Hat ja doch alles keinen Zweck!«

Wie sieht nun die väterliche Erziehung aus? Paulus sagt zuerst, wie sie nicht aussehen soll: »Reizt eure Kinder nicht zum Zorn!«

Die Väter müssen darauf achten, dass weder sie selbst noch ihre Frauen oder irgendein anderes Familienmitglied ihre Kinder »reizen«. Nehmen wir als Parallelstelle Kolosser 3,21 dazu, dann erfahren wir genauer, was Paulus sagen will. Er schreibt dort: »Ihr Väter, reizt eure Kinder nicht, damit sie nicht mutlos werden.« »Nehmt ihnen nicht den Wind aus den Segeln!«, würden wir heute sagen. »Macht sie nicht mutlos!«

Heutzutage geschieht es allzu oft, dass »Kinder erbittert«[18] und »zum Zorn gereizt« werden. Die Aufsässigkeit vieler Kinder und Jugendlicher dürfte vor allem daher rühren. Sie sind gegenüber ihren Eltern bitter geworden und erhoffen nichts mehr von ihnen. Zum Seelsorger sagen sie oft: »Hat ja doch alles keinen Zweck!«

Sie wenden sich von ihren Eltern ab, stellen sich taub und verschließen sich ganz ihnen gegenüber. Sie sind von Zorn und Erbitterung geprägt: Es gibt nichts, was die Haltung vieler Jugendlicher besser kennzeichnen würde.

Wie ist es dazu gekommen? Warum geben Kinder auf? Was macht sie zornig? Beachten Sie, dass in diesem Vers von Erziehung die Rede ist. Den Erfahrungen der Betreffenden liegt also eine falsche Erziehung zugrunde. Die Kinder stehen in der großen Versuchung, zu resignieren, denn keine Erziehung ist leicht, und eine nichtbiblische Erziehung ist besonders schwer zu ertragen.

Es ist interessant, was sich in Unterhaltungen mit jungen Leuten herausstellt: Nicht die Erziehung selbst (auch nicht die strenge Erziehung) ist es, die die Kinder mehr als alles andere erbittert, sondern vielmehr der Mangel an Erziehung.

Wie sieht das aus? Nehmen wir ein Beispiel: Verhaltensregeln, die dem Kind erst mitgeteilt werden, nachdem es sie übertreten hat, rufen Erbitterung hervor. Eine solche Praxis kann man nicht als Erziehung bezeichnen, genauso wenig wie die Ankündigung: »Wenn du dies und jenes tust, bekommst du Schläge!« Denn am nächsten Tag tut es das Kind doch – und die Strafe bleibt aus. Dieser »Erziehung« fehlt die Folgerichtigkeit.

---

18 Vgl. Kolosser 3,21; Luther 1912 und Luther 1984.

Wenn die Wünsche der Eltern nicht voraussehbar sind, weiß ein Kind schließlich nicht mehr, woran es ist. Erzwingen die Eltern von ihren Kindern nur dann Gehorsam, wenn es ihnen gerade passt, werden diese schließlich verbittert mit den Schultern zucken. Wenn sich die Regeln jeden Tag ändern, bekommt man von seinen Kindern schließlich zu hören: »Es hat ja doch keinen Zweck, wenn man versucht, brav zu sein; wir wissen ja gar nicht, was wir dürfen und was nicht!«

Wer würde noch Fußball spielen, wenn sich die Spielregeln täglich anders wären?

Die kleine Anne kommt mit einer hübschen Blume nach Hause, die sie irgendwo für ihre Mutter gepflückt hat. Sie rennt in die Küche, ohne zu sehen, dass der Fußboden frisch geputzt ist. Sie schaut nur in das Gesicht ihrer Mutter in der Erwartung, sie werde ihr freundlich zulächeln. Die Mutter sieht die Blume jedoch überhaupt nicht, sondern nur den Schmutz auf dem Fußboden. Anne muss sich eine fürchterliche Standpauke anhören. Wie reagiert sie darauf? »Ich wollte der Mutter eine Freude machen und wurde dafür ausgeschimpft.«

Am Abend denkt die Mutter noch einmal über den Vorfall nach: Eigentlich hatte Anne die Abfuhr nicht verdient. – Die Mutter müsste nun ihr Unrecht wiedergutmachen, indem sie sich bei Anne entschuldigt und die Angelegenheit bereinigt. Leider tut sie das nicht. Die nachteiligen Folgen werden nicht ausbleiben. Vielleicht wird Anne morgen wirklich etwas Böses anstellen. Sie lügt möglicherweise, ist aufsässig und widerspricht, wenn die Mutter etwas gesagt hat. Weil aber in dem geschilderten Beispiel die Mutter gestern zu streng war, lässt sie jetzt manches durchgehen. Genau diese Art inkonsequenter Erziehung ist es, der unsere Kinder ausgesetzt sind und über die sie nachzudenken beginnen: »Hat ja doch keinen Zweck!«

Sie können sich alles nicht zusammenreimen und stellen fest: »Heute wird man ausgeschimpft, obwohl man gar nichts getan hat, und am nächsten Tag kann man sich alles erlauben. Man weiß nie, woran man ist, wo die Grenze verläuft und mit welcher Strafe man zu rechnen hat. Am besten tut man, was man gerade möchte.«

Feste Regeln

Warum verschieben Eltern ständig die Grenzen? Weshalb ist keine klare Linie zu erkennen? Nun, zum Teil aus purer Faulheit. Sie scheuen die mit der Erziehung ihrer Kinder verbundene Mühe, wollen nicht vorausschauend planen. Erziehung macht Mühe.

Eine noch größere Rolle spielt jedoch die Tatsache, dass die Kindererziehung auch von den Eltern manche Änderung verlangt. Sehr oft verlieren die Eltern zu früh den Mut. Wenn sie heute etwas sagen und ihre Kinder nicht sofort darauf eingehen, geben sie auf. Mag sein, dass sie zwei oder drei Tage lang an einer Regel festhalten, doch wenn sich das Verhalten der Kinder dann noch nicht geändert hat, ziehen sie daraus den Schluss, dass damit nichts zu erreichen ist. Sie vergessen, dass es auch in anderen Bereichen sehr viel Zeit braucht, bis ein Erfolg zu sehen ist, beispielsweise bei einer Kur oder einer Diät. Mit ihren Kindern haben sie jedoch keine Geduld.

Nachdem sie es also zwei oder drei Tage (statt zwei oder drei Wochen) auf die eine Weise versucht haben, geben sie auf und versuchen es (natürlich ebenfalls nur zwei oder drei Tage lang) auf eine andere Weise und wundern sich dann, weshalb ihr Kind »überhaupt nicht hören will«.

Über eins sollte man sich von vornherein klar sein: Kindererziehung kostet Zeit. Sie erfordert außerdem die konsequente Anwendung bestimmter Regeln. Unzulängliche Erziehung ist durch das Fehlen klarer Grenzen und durch ständiges Ändern der Verhaltensregeln gekennzeichnet.

Die Jugendlichen wollen wissen, welche Regeln in Bezug auf ihr Verhalten gelten; sie möchten wissen, wie weit sie gehen können. Ohne Regeln erzogene Kinder werden uns oft zur Seelsorge gebracht. Wir sprechen mit ihnen im Beisein ihrer Eltern und machen dann schließlich folgenden Vorschlag: »Angenommen, wir legen schriftlich Verhaltensregeln fest. Ihr kennt die Regeln und wisst, mit welchen Strafen ihr zu rechnen habt, wenn ihr sie übertretet. Ihr wisst bereits im Voraus, was passieren wird. Und wir helfen euren Eltern, sich daran zu halten. Wenn ihr wüsstet, dass sich Mutter und Vater auf jeden Fall an die Regeln halten, wäret ihr damit einverstanden?« Sie antworten dann regelmäßig: »Aber klar!«

Und wenn die Eltern mit nachvollziehbaren Regeln endlich Klarheit schaffen, stoßen die Kinder einen Seufzer der Erleichterung aus.

Kinder wollen wissen, woran sie sind, nicht nur ihren Eltern gegenüber, sondern auch im Verhältnis zu Kindern aus anderen Familien. In der Seelsorge sagen sie oft: »Mensch, das ist prima, wenn man weiß, wo man dran ist. Wenn die anderen irgendetwas vorhaben, was ich nicht darf, dann weiß ich gleich, womit ich zu rechnen habe. Ich mache dann einfach nicht mit!« Sie sind dankbar dafür.

Inkonsequenz, Mangel an festen Grundsätzen, Unzuverlässigkeit – dies ist das Hauptproblem. Am Schluss dieses Kapitels findet der Leser ein Arbeitsblatt. Es kann zur Aufstellung von Verhaltensregeln in der Familie benutzt werden. Fangen Sie damit aber nur an, wenn Sie die Absicht haben, konsequent zu sein.

Zu viele Vorschriften

Es gibt aber noch andere Gründe, warum Eltern ihre Kinder erbittern. Bisweilen entsteht das Problem durch eine Überfülle von Vorschriften. Wer Dutzende von Vorschriften erlässt, und das tun manche Eltern, meint vielleicht, dass er nur so seine elterlichen Pflichten am besten erfüllen könne. Doch wer sich ständig neue Vorschriften ausdenkt, verwandelt sich schließlich in einen Polizisten oder muss (was wahrscheinlicher ist) erleben, dass ein Großteil seiner Vorschriften gar nicht mehr beachtet wird.

Beides ist nicht gut. Erlässt man zu viele Verhaltensregeln, muss man ständig auf der Lauer sein, ob sie auch eingehalten werden, denn sonst hat es sich nicht gelohnt, ihnen gerecht zu werden. Die Kinder folgern daraus, dass sie nicht ernst gemeint sind, und halten ihre Eltern für unzuverlässig.

Mag sein, dass die Eltern die Kinder von Zeit zu Zeit (gewöhnlich, wenn es ihnen »reicht«) zwingen, sich an die eine oder andere Regel zu halten. Niemand kann jedoch sagen, wann das der Fall ist und welche Grundsätze dabei gelten. Für ein Kind ist das keine beneidenswerte Lage, weil es nie weiß, woran es ist.

Im Voraus überlegen

Erlässt man 25 oder 30 Regeln, so hat man den ganzen Tag zu tun, darauf zu achten, dass sie auch eingehalten werden. Für andere Dinge dürfte dann kaum noch Zeit sein. Legt man aber nur drei (oder besser zwei) Regeln fest und achtet genau auf ihre Einhaltung, werden die Kinder sehr bald wissen, was sie zu tun und zu lassen haben. Sie haben schnell begriffen, dass Sie als Elternteil das meinen, was Sie sagen.

Gehorsam und Disziplin kann man besser mit *einer* Regel lehren, die natürlich beachtet werden muss, als mit 25 Regeln, die doch keiner einhält. Sobald eine Regel erfolgreich angewandt wird, kann man sich auf eine zweite einigen. Auf lange Sicht kommt man mit dieser Methode schneller voran.

Gott hat dem Menschen für sein ganzes Leben nur zehn Gebote gegeben. Im Garten Eden gab es sogar nur *eine* Regel. Adam und Eva wussten, dass sie von einem Baum nicht essen sollten. Alle übrigen Bäume gehörten ihnen, nur dieser eine Baum nicht. Nur eine Verhaltensregel! Die Strafe war ihnen bekannt: »An dem Tag, da du davon isst, musst du sterben.«[19]

---

19 Vgl. 1. Mose 2,17.

Noch bevor es Sünde gab, sagte Gott sinngemäß: »Handelt so! Ungehorsam wird tödliche Folgen haben.« Und er hielt Wort.

Ähnlich war es, als die Kinder Israel in das Land der Verheißung zogen. Auf dem Sinai wurden ihnen Gottes Verhaltensregeln und die daraus resultierenden Konsequenzen (Segen oder Fluch) genau bekannt gegeben. Und Gott hielt sich an das, was er gesagt hatte.

Verhaltensregeln und Strafen werden bei uns oft erst in der Hitze des Gefechts festgelegt. Das ist kein passender Zeitpunkt. Als die kleine Anne in schmutzigen Schuhen mit ihrer Blume in die Küche gelaufen kam, erregte sich die Mutter so sehr, dass sie schrie: »Du bleibst jetzt eine Woche lang zu Hause!«

Wen hat sie da bestraft? Sie macht ihre Drohung ja doch nicht wahr. Wenn sie sich auch nur drei Tage daran hält, wäre das schon eine Leistung. Es war ja auch keine gerechte Strafe, und klug hat sie auch nicht gehandelt. Das Kind konnte außerdem nicht damit rechnen, weil man sie ihm nicht vorher angekündigt hatte. Die Bestrafung wurde in der Hitze des Gefechts erdacht und verkündet – zu spät und schlecht!

Eine weitere Ursache unzureichender Erziehung besteht darin, dass sich Väter und Mütter über bestimmte Verhaltensregeln und die Mittel zu deren Durchsetzung nicht einig werden können. Häufig geschieht dies deshalb, weil sie sich nie die Mühe gemacht haben, sich in aller Ruhe abzusprechen. Stattdessen warten sie, bis es zu spät ist. Er regt sich mehr auf als sie (oder umgekehrt) und will dem kleinen Hans endlich mal energisch die Leviten lesen. Die Mutter (oder der Vater) erkennt die Ungerechtigkeit und legt sich ins Mittel. Welch ein heilloses Durcheinander!

Es gibt nur *eine* Lösung: Die Eltern müssen im Voraus überlegen, was sie tun wollen.

Kinder haben einen scharfen Blick. Meinungsverschiedenheiten der Eltern entgehen ihnen selten. Sie machen sie sich oft zunutze, um ihren Willen durchzusetzen, indem sie die Eltern gegeneinander ausspielen. Aber genau das entmutigt Kinder auch zumeist.

Können sich ihre Eltern nicht einig werden, leidet der Gehorsam darunter. Die Kinder mögen die Situation geschickt ausnutzen, aber im Grunde fühlen sie sich dabei nicht wohl.

Wo sich die Eltern auch nach einer ausführlichen Diskussion nicht auf bestimmte Regeln einigen können, muss die Frau sich ihrem Mann fügen. Es ist für sie von allergrößter Bedeutung, dass sie vor ihren Kindern die von Gott verliehene Autorität ihres Mannes achtet.

Wenn zwei Familien zusammenwohnen und unfähig sind, ihre Probleme auf biblische Weise anzugehen, gibt es zwangsläufig Reibereien und Zwietracht. Die Großeltern haben vielleicht ihre eigenen Vorstellungen von Erziehung und setzen sich damit über die entsprechenden Grundsätze ihrer Kinder hinweg. Aber Gott hat den Mann zum Familienoberhaupt eingesetzt, dem sich auch die Großeltern unterordnen müssen, wenn sie mit ihren Kindern zusammenwohnen.

Disziplin durch Lautstärke?

Es gibt eine ganze Menge Erziehungsversuche, die von vornherein die Enttäuschung einschließen. Beschließt z. B. eine Mutter, mittels Phonstärke Disziplin zu erreichen, wird sie über kurz oder lang scheitern. Sie wird sehr bald entdecken, dass sich Kinder sogar an das Getöse eines Wasserfalls gewöhnen können und es sehr bald nicht mehr wahrnehmen.

Um sich trotzdem Gehör zu verschaffen, steigert Mutter also ihre Lautstärke. (Ein Kind sagte zu einem anderen, das zu Besuch gekommen war: »Wir brauchen erst zu gehorchen, wenn Mutter anfängt, wie verrückt zu kreischen.«) Nach einiger Zeit sehen die Kinder auch dieses Gekreische als »normal« an, und Mutter ist gezwungen, noch lauter zu schreien. Eine Zeit lang hat sie damit Erfolg, bis sich die Kinder auch an ihre neue Lautstärke gewöhnt haben. Sie steigert sich dann immer mehr – bis sie schließlich keinen Ton mehr herausbringt.

Dies ist das Ende der »Lautstärke-Methode«. Mit Geschrei erreichen Sie überhaupt nichts. Außerdem sollte diese Methode unter Ihrer Würde sein.

Der gestrenge Herr Papa

Es gibt auch Fälle, wo des Guten zu viel getan wird. Manche Christen haben so auf die moderne »antiautoritäre Erziehung« reagiert. Aber Eltern müssen auf biblische Weise *agieren* und nicht in erster Linie auf schriftwidrige Erziehungskonzepte *reagieren*. Viele Eltern sind zu der richtigen Erkenntnis gekommen, dass sie für mehr Disziplin sorgen müssen, aber einige fallen nun in das andere Extrem.

Dem Vater wird plötzlich klar, dass er das Familienoberhaupt ist. Also wirft er sich wie ein Polizist in Positur und schwingt den Gummiknüppel. Und ab und zu, damit sie das nur ja nicht vergessen, versetzt er den Kindern damit einen leichten Schlag auf den Kopf.

Wer die von Gott verliehene Autorität willkürlich gebraucht, missbraucht sie. Es ist immer falsch, eigene Autorität herauszustreichen, und das Pochen darauf zeigt, dass sich der Vater nicht darüber im Klaren ist, dass ihm diese Autorität nicht zum Selbstzweck, sondern zum Wohl der Kinder verliehen worden ist. Eine Zurschaustellung der Autorität führt sehr oft zu törichten und übermäßig strengen Verhaltensregeln. Im Wort Gottes heißt es: »Seine Gebote sind nicht schwer« (1Jo 5,3). Warum sollten es dann unsere sein?

Ein anderes Gebiet, auf dem Eltern sehr häufig gedankenlos handeln, sind die Familienandachten. Dabei tut man oft so, als ob sie ausschließlich für die Kinder gehalten würden.

Andachten sollten nach den Bedürfnissen der ganzen Familie

und nicht ausschließlich nach denjenigen der Kinder ausgerichtet sein. Ein persönliches Zeugnis der Eltern, auch anhand einer Bibelstelle, die dem Vater oder der Mutter für das eigene Leben wichtig geworden ist, schwächt den Eindruck ab, Bibellesen und Gebet seien nur für die Kinder bestimmt. Es zeigt den Kindern, welche Rolle das Wort Gottes im Leben einer christlichen Familie spielt.

In diesem Zusammenhang möchte ich darauf hinweisen, dass die Kinder Meinungsverschiedenheiten zwischen ihren Eltern ruhig mitbekommen können. Sie sollten nicht alle hinter verschlossenen Türen ausgetragen werden. Noch schlimmer ist es, wenn man erst die Kinder aus dem Zimmer schickt, bevor man mit der entsprechenden Debatte beginnt. Die Kinder müssen auch sehen, wie ihre Eltern Meinungsverschiedenheiten als Christen beilegen. Sonst versäumen es die Eltern, ihren Kindern zu zeigen, wie man Probleme auf biblische Weise löst.

Ungerechte Strafen

Eine häufige Begleiterscheinung der sogenannten »strengen Erziehung« sind ungerechte Strafen. Das ist dann so, als wollte man Reißnägel mit dem Vorschlaghammer einschlagen. Mit dieser Behandlung bringt man die Kinder ebenfalls gegen sich auf.

Nehmen wir beispielsweise an, ein Kind widerspricht laufend. Frechheiten gegen die Eltern darf man natürlich nicht durchgehen lassen. Man muss ihm klarmachen, dass es gegenüber seinen Eltern ungehorsam ist und vor Gott sündigt, wenn es widerspricht. Dabei müssen den Worten die Taten folgen.

Aber gleichzeitig müssen sich die Eltern vor übertriebenen Strafen hüten. Sonst kann es passieren, dass das Kind zwar nicht mehr widerspricht, dass aber auch die so wichtige Kommunikation zum Erliegen kommt. Dies ist das Letzte, was Eltern sich wünschen können. Sie müssen also einerseits ganz gewiss gegen Widerworte einschreiten, dürfen andererseits ihre Kinder aber niemals von echten Diskussionen abhalten. Und dazu gehört nun einmal, dass Gründe vorgebracht, Erläuterungen gegeben und Mitteilungen gemacht werden, wie das Kind sie sieht.

Eltern können durchaus manche Situation verkennen, wenn sie nicht von den Kindern informiert werden. Wenn das Kind etwas zu sagen hat, sollte es auch den Mund aufmachen dürfen. Man sollte es sogar dazu ermutigen.

Warum werfen junge Menschen die Flinte ins Korn? Aus welchem Grund hört die Kommunikation auf? Was veranlasst sie, ihren Eltern den Rücken zu kehren und ernsthafte Dinge nicht mehr mit ihnen zu besprechen? Oft geschieht es, weil die Eltern sich geweigert haben, ihren Kindern zuzuhören. Wenn sich Eltern immer wieder ihren Kindern gegenüber verschließen, müssen diese zwangsläufig negativ reagieren: »Es hat ja doch keinen Sinn!« Sie geben auf und wenden sich dann in ihrer Verbitterung jemandem anders zu. Eltern müssen daher lernen, zwischen Widerworten, die sie nicht dulden dürfen, und der echten Kommunikation, die gefördert werden muss, zu unterscheiden.

Elterliche Regeln und kindliche Erfahrung

Es gibt noch ein anderes Gebiet, wo es gilt, kleinliche Grenzen zu vermeiden. Eltern müssen lernen, zwischen dem zu unterscheiden, was man als Regel aufstellen sowie durchsetzen muss, und dem, was ein Kind durch eigene Erfahrung lernen soll.

Eine Schaukel übt in der Regel eine ungeheure Anziehungskraft auf ein Kind aus. Es möchte so gern schaukeln, obwohl es doch kaum gehen kann! Die Mutter ist unschlüssig: »Soll ich es wirklich schon auf die Schaukel lassen?« Eigentlich möchte sie es nicht. Sie weiß, dass es für den kleinen Kerl nicht ohne Beulen und blaue Flecken abgehen wird, wenn sie ihn draufsetzt. Und so versucht sie, die Angelegenheit immer wieder aufzuschieben, bis es einfach nicht mehr geht.

Aber was tut sie, wenn dieser Tag naht? Wenn sie vernünftig ist, setzt sie das Kind auf die Schaukel, zeigt ihm, wie man schaukelt, und bleibt bei ihm, bis es den Bogen heraushat, aber schließlich muss sie es ihm überlassen, diesbezüglich eigene Erfahrungen zu machen (die auch schmerzhaft sein können). Sie kann sich nicht die ganze Woche lang neben die Schaukel stellen. Also beißt sie die Zähne zusammen und wartet auf das unvermeidliche Wehgeschrei. Wenn es kommt (und es muss kommen), hat das kleine Kerlchen seine Beule weg. Aus seinen Beulen muss es lernen.

Kommt dasselbe Kind dagegen in die Küche gelaufen, um das »schöne Flämmchen« auf dem Gasherd oder anderswo anzufassen, was tut seine Mutter dann? Sagt sie: »Es muss aus seinen Verbrennungen lernen«? Ganz gewiss nicht! Sie gibt ihm sofort einen kleinen Klaps auf die Hand und sagt: »Nein!« In seinem eigenen Interesse bewahrt sie es vor einer ernsthaften Gefahr. Sie kann es unmöglich in die Flamme greifen lassen.

Eltern müssen zwischen »Schaukel-Fragen« und »Flammen-Fragen« unterscheiden lernen. Das ist im frühen Kindesalter erfahrungsgemäß am leichtesten; später wird es schwieriger. Ist das Tragen von Bluejeans und langen Haaren (im Falle von Jungen) eine »Schaukel-« oder eine »Flammen-Frage«? Vielleicht möchte Ihre Tochter oder Ihr Sohn Drogen nehmen. Ist das eine »Flammen-« oder eine »Schaukel-Frage«? Besteht zwischen Drogenmissbrauch und langen Haaren ein Unterschied?

Auf der einen Seite gibt es notwendige Beulen und auf der anderen Seite gravierende Dinge, wo Eltern Nein sagen müssen und nicht nachgeben dürfen.

Positive Erziehung

Nehmen wir ein anderes Beispiel für übermäßige Einmischung in den Erfahrungsbereich des Kindes. Manche Eltern machen aus allem eine Haupt- und Staatsaktion, und gewöhnlich kennen sie nur eine Antwort: »Nein!« Angenommen, Sie bekämen von Ihrem Mann oder Ihrer Frau bzw. von sonst jemandem, der Ihnen nahesteht, immer nur ein »Nein« oder ein »Bitte, tu es nicht« zu hören. Nie würden Sie ein Wort der Ermutigung oder des Lobes zu hören bekommen. Ständig hätte man irgendetwas an Ihnen auszusetzen, und jedes Mal, wenn Sie um etwas bitten, kämen Einwände, und in jede Unterhaltung würde das Wörtchen »Nein« eingeschoben. Wie wäre Ihnen dann nach einiger Zeit zumute?

Das ist aber genau die Art und Weise, wie manche Eltern mit ihren Kindern umgehen! Über das, was diese gut machen, wird kein Wort verloren. Niemals ermutigen sie ihre Kinder. Stattdessen konzentrieren sie ihre ganze Aufmerksamkeit auf den Lärm, die zerbrochene Vase, die schmutzigen Schuhe usw.

Das ist natürlich am einfachsten. Negative Dinge machen auf sich selbst aufmerksam. Es ist leicht, sie zu entdecken. Sie als Eltern sollten aber nicht übersehen, wenn die Kinder gehorchen, sich gut benehmen und Ihnen keinen Kummer machen. Es erfordert einige Mühe, das Gute zu loben – sehr viel mehr, als das Schlechte zu missbilligen.

Das bereits zitierte Gebot für die Kinder (»Ehre deinen Vater und deine Mutter!«) ist interessanterweise positiv abgefasst, nicht negativ: »Du sollst nicht …!«

Die andere Tatsache, worauf Paulus hinweist, besteht darin, dass es das erste Gebot ist, dem eine Verheißung beigefügt ist: »… damit deine Tage verlängert werden in dem Land, das der HERR, dein Gott, dir gibt.«[20]

Eine Verheißung, eine Belohnung und eine Ermutigung: Die Christen hätten eigentlich als Erste bei der Erziehung der Kinder von der Möglichkeit der Belohnung und des Mutmachens Gebrauch machen müssen.

Wenn wir von Belohnung sprechen, dann nicht als Mittel zur Manipulation. Es geht in der Erziehung nicht in erster Linie um irgendein äußeres Verhalten, das eingeübt werden soll, sondern um eine Änderung im Herzen und Leben des Kindes, die durch

---

20 Vgl. 2. Mose 20,12. In der oben befindlichen Epheserstelle wird diese Verheißung mit leicht abgewandelten Worten angeführt. Dies liegt vermutlich daran, dass Paulus aus der Septuaginta zitiert.

den Heiligen Geist bewirkt wird. Das Gebot zeigt uns die Art und Weise, wie Gott selbst Kinder motiviert. Er tut es mit einer Verheißung. Er verspricht eine Belohnung. Belohnungen schließen Bestrafungen nicht aus. Es ist jedoch interessant, dass der Nachdruck bei diesem Gebot auf dem Lohn liegt.

Disziplin und persönliche Überzeugung

Epheser 6,4 hat noch einen zweiten, positiven Teil. Paulus mahnt: »Reizt eure Kinder nicht zum Zorn, sondern zieht sie auf in der Zucht und Ermahnung des Herrn.«

Gott hat uns nicht nur gesagt, was wir nicht tun dürfen. Vielmehr hat er uns auch mitgeteilt, was wir und wie wir das tun sollen. Gott beauftragt die Eltern, ihre Kinder auf seine Weise zu erziehen. Er verlangt von ihnen nichts Unmögliches und überlässt sie auch nicht ihrem eigenen Einfallsreichtum. Innerhalb der dargelegten allgemeinen Grundsätze müssen Eltern ihre Verantwortung übernehmen.

Zuallererst gilt es, sich bewusst zu machen, dass Erziehung Gottes Sache ist. Alle wirkliche Autorität der Erziehenden ist göttlichen Ursprungs. Zweitens muss jede Erziehung insofern seine Erziehung sein, als sie die Art widerspiegelt, in der Gott selbst mit den Vätern oder Müttern, die ja seine Kinder sind, umgeht.

Gott bedient sich bei seinen Kindern u. a. der Züchtigung (Hebr 12,5ff.), die sich auch auf den Bereich körperlicher Not erstrecken kann. Allerdings spart er auch nicht an Ermutigung. In 5. Mose 11,2 wird uns gesagt: »Erkennt ... die Erziehung durch den HERRN« (Luther 1984). Wir sollten uns eingehend mit ihr befassen, um sie verstehen und anwenden zu können!

Worum geht es nun bei dieser »Erziehung durch den HERRN«, bei dieser »Zucht und Ermahnung«, von der Paulus spricht? Das erste Wort, »Zucht« oder »Disziplin«, meint eine an eindeutigen Maßstäben orientierte Erziehung, eine konsequente Leitung. Das Wort beinhaltet ein Programm, das Ansteuern von

Zielen. »Zucht« erfordert geduldiges, beharrliches und konsequentes Bemühen. Es ist Erziehung, die belohnt, die aber auch Bestrafung kennt. Sie schließt den bewussten Wunsch und das gezielte Bemühen ein, etwas im Leben des Kindes zu ändern oder etwas in sein Leben einzubauen. Die Heilige Schrift ist dafür die Norm.

Das zweite Wort, »Ermahnung« oder »Unterweisung«, bedeutet, Herz und Seele des Kindes zu erreichen, damit es sein Verhalten am Wort Gottes korrigiert. Während »Zucht« Disziplin meint, die von außen (d. h. durch andere) erreicht werden soll, meint »Ermahnung« Disziplin, die aus persönlicher Überzeugung erwächst. Sie beinhaltet mehr als bloßes Beeinflussen, Anordnen und Strukturieren.

Kinder (und Ehefrauen) kann man nicht »abrichten«: Dem Hund kann man beibringen, dass er sich kugeln, zweimal bellen, loslaufen und die Morgenzeitung herbeiholen soll. Christen muss es um das Verhältnis des Kindes zu Gott und zu seinen Mitmenschen gehen. All das beinhaltet das Wort »Ermahnung«.

Im Laufe der Jahre sollte man allmählich auf Disziplin von außen geringeren und auf Selbstdisziplin stärkeren Nachdruck legen. Die Eltern müssen ihre Kinder zwar unterweisen und ihnen entsprechende Verhaltensgrundsätze beibringen, sich aber auch in dem Maße zurückziehen, wie die Kinder es lernen, Pflichten zu übernehmen. Das »Fleiß-Preis-Programm« am Schluss dieses Kapitels gibt Ihnen ein Mittel an die Hand, womit Sie diesen Übergang fördern können.

Erziehung bedeutet also nicht nur, eine Struktur zu schaffen und bestimmte Ziele zu erreichen. Das ist gewiss notwendig. Doch noch wichtiger ist in der christlichen Erziehung die persönliche Überzeugung des Kindes, das zu tun, was Gott will. Es wurde nach dem Bild Gottes erschaffen, und mit Gottes Wort muss man sein Herz erreichen. Das Evangelium, das von der Liebe Gottes spricht, muss in den Herzen unserer Kinder Wurzeln schlagen und sie zur Buße sowie zum Glauben leiten. Hier haben die Eltern ihre wesentliche Aufgabe. Und dann müssen sie den Kindern zeigen, was Gott will, und sie motivieren, nicht bloß durch »Zucht«, sondern auch durch »Ermahnung«.

Gott macht seinen Willen eindeutig bekannt. Er legt die Regeln dar und nennt die Strafe im Falle der Übertretung. Diese Ankündigung macht er auch wahr. Das ist die Grundlage für eine Erziehung, die sich an der Bibel orientiert. All unserem eigenen sündhaften Versagen zum Trotz müssen wir unsere Kinder immer mehr in der von Gott gebotenen Weise erziehen.

Regeln

Vergehen	Strafe	Wer bestraft?	Wann?
Allgemeiner Ungehorsam			

Tragen Sie in die oben stehenden Rubriken die unerwünschten Verhaltensweisen und die dafür vorgesehene Bestrafung ein. Zeigen Sie diese Regeln dann Ihren Kindern und erklären Sie ihnen auf altersgemäße Weise, was damit gemeint ist. Fragen Sie auch, ob die Kinder irgendwelche Fragen oder Vorschläge haben. Tragen Sie Änderungen ein, die Sie gemeinsam beschlossen haben. Das letzte Wort haben die Eltern. Sie brauchen keine Vorschläge zu akzeptieren, die Sie nicht als Verbesserungen empfinden. Die Verhaltensregeln treten in Kraft, sobald die Tabelle fertig ist. Arbeiten Sie jeweils nur an drei Regeln (vielleicht besser noch an zwei). Setzen Sie diese Regeln durch, bestrafen Sie auch wirklich jeden Verstoß. Kopien der Verhaltensregeln sollten in den Zimmern oder an anderen dafür geeigneten Stellen angebracht werden, um alle Beteiligten an ihre Beachtung zu erinnern. In Bezug auf weitere Hinweise vgl. Jay Adams, *Befreiende Seelsorge*, Gießen: Brunnen Verlag, 1973, S. 158ff., S. 185.

Das »Fleiß-Preis-Programm«

Die Eltern sollten sich mit ihren Kindern zusammensetzen und ihnen dieses »Fleiß-Preis-Programm« erklären, das auf den biblischen Grundsatz zurückgeht, dass Verantwortung das Vorrecht größerer Verantwortung nach sich zieht (siehe Mt 25,21.23.29).

Die Eltern sollten ihr Kind auffordern, ein Verzeichnis der Vorrechte anzufertigen, die es gern in Anspruch nehmen möchte. Von diesen können fünf ausgewählt und bei 2, 4, 6, 8 und 10 eingetragen werden. Die Eltern können daneben in die Rubriken 1, 3, 5, 7 und 9 fünf Pflichten eintragen, die sie dem Kind übertragen wollen. Beide Gruppen sollten von leicht bis schwierig reichen. Legt man dies im Voraus fest, so kann sich das Kind nach freiem Ermessen Vorrechte erwerben. Die Möglichkeit, die »Stufen« bis zum höchsten und begehrtesten Vorrecht zu »erklimmen«, bietet oft einen starken Anreiz.

Pflichten sollten, ehe ein Vorrecht gewährt wird, *erlernt* werden. Das heißt, das Kind sollte sie während eines bestimmten Zeitraums konsequent erfüllt haben. Das Vorrücken auf eine höhere Stufe erfolgt unter der Voraussetzung, dass die früher übernommenen Pflichten weiterhin erfüllt werden. Die Vorrechte sollten so weit wie möglich auf die Pflichten *abgestimmt* werden. Dies hat nämlich zur Folge, dass die Vorrechte aus den Pflichten erwachsen und den Boden dafür vorbereiten.

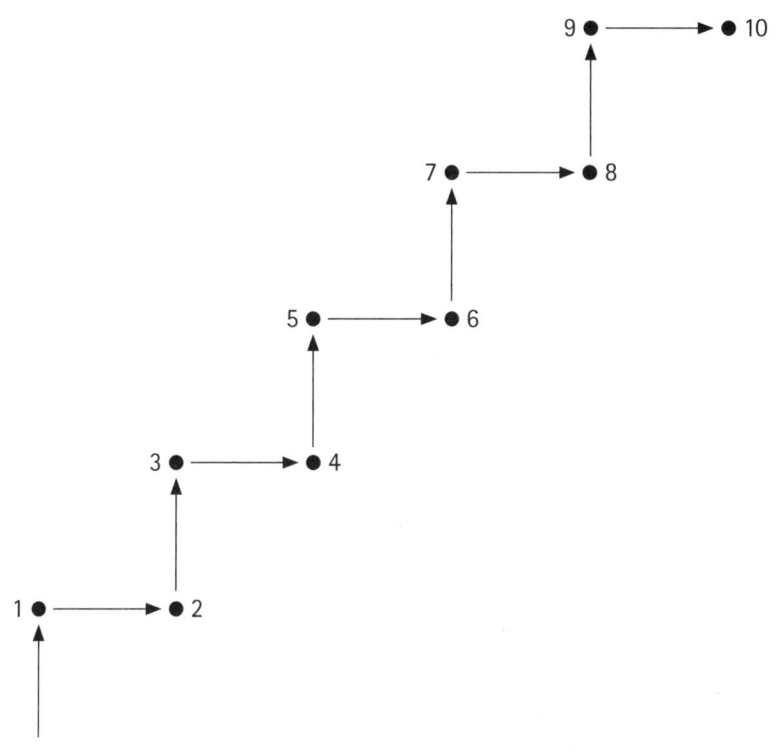

Erwünschte Rechte	Zu erfüllende Pflichten

Von der Ehe mit einem ungläubigen Ehepartner

In der Gemeinde Jesu hat es immer Ehen gläubiger Frauen mit ungläubigen Männern gegeben. Das ist nichts Neues. Am Kreuz Jesu haben die Frauen ausgeharrt, während die Männer das Weite suchten. Haben Sie schon einmal darüber nachgedacht, *wer* ihre Männer und *wo* diese wohl waren? Es waren Frauen, die als Erste am Auferstehungsmorgen zum Grab Jesu gingen.

Es hat in der Gemeinde von Anfang an gläubige Frauen gegeben, deren Männer geistlich gesehen auf schwachen Beinen standen. So etwas kommt oft genug auch heute vor.

Um von vornherein ein Missverständnis aus dem Weg zu räumen, müssen wir festhalten, dass die Bibel die Ehe zwischen einem gläubigen und einem ungläubigen Partner nicht billigt.

In 1. Korinther 7,39 schreibt Paulus, dass die Christen nur »im Herrn« heiraten sollen, d. h. innerhalb ihres gemeinsamen Glaubens an Jesus Christus. Darin sind sie eins »in Christus« oder »im Herrn«. Keine Stelle in der Bibel schränkt dieses eindeutige Gebot ein.

Wenn das Wort Gottes einer gläubigen Frau, die mit einem ungläubigen Mann verheiratet ist, Anweisungen erteilt, so wird damit keineswegs die Ehe zwischen einem gläubigen und einem ungläubigen Partner gutgeheißen. Aber es geschieht recht häufig, dass der eine von zwei ungläubigen Ehegatten Christ wird. Und in den meisten Fällen ist es nicht der Mann, sondern die Frau, die zum Glauben an Jesus Christus kommt. Indem wir hören, was Gott darüber zu sagen hat, können wir auch ein paar allgemeine Grundsätze über das persönliche Zeugnis gegenüber Nichtchristen erfahren und einige grundlegende Prinzipien im Blick darauf kennenlernen, wie die Gläubigen ihr Familienleben führen sollen.

Gottes Anweisungen in der Bibel gelten nicht nur für eine bestimmte Situation. Diese Grundsätze betreffen unser ganzes

Leben als Christen. Wenn sich dieses Kapitel auch zunächst an Frauen wendet, die mit einem ungläubigen Mann verheiratet sind, so geht seine Botschaft doch uns alle an.

Gläubige Männer können gegenüber ihren ungläubigen Frauen Christus am besten bezeugen, wenn sie die liebevolle Führung übernehmen, die wir im Kapitel »Der liebende Ehemann« besprochen haben.

Zusammenbleiben!

Man kann nicht oft genug betonen, was das Wort Gottes von dem Gläubigen in einem solchen Fall verlangt: Er soll bei seinem ungläubigen Partner bleiben, wenn dieser weiterhin mit ihm zusammenleben will. Ein Christ darf seinen ungläubigen Ehepartner nicht verlassen. Gott besteht darauf, dass der Christ diese Ehe aufrechterhält.

In 1. Korinther 7,12-13 sagt Paulus: »Den Übrigen aber sage ich, nicht der Herr:[21] Wenn ein Bruder eine ungläubige Frau hat, und diese willigt ein, bei ihm zu wohnen, so entlasse er sie nicht. Und wenn eine Frau einen ungläubigen Mann hat, und dieser willigt ein, bei ihr zu wohnen, so entlasse sie den Mann nicht.«

Warum sagt Paulus das? Er gibt nicht nur eine Verhaltensregel weiter, sondern er begründet sie auch. Er sagt, dass der gläubige Partner die Ehe um der Kinder und um des Partners willen fortsetzen soll: »Denn der ungläubige Mann ist geheiligt durch die Frau, und die ungläubige Frau ist geheiligt durch den Bruder; sonst wären ja eure Kinder unrein, nun aber sind sie heilig« (V. 14).

Aus Platzgründen können wir die Begriffe »Unreinheit« und »Heiligkeit« hier nicht ausführlich erörtern. Es ist außerordentlich schwierig, eine exakte Bestimmung zu formulieren. Aber sie bedeuten zumindest dies: Ungläubige, die mit einem Gläubigen unter einem Dach wohnen, stehen in einem bestimmten einzig-

---

21 Das heißt jedoch nicht, dass er ohne göttliche Autorität spricht.

artigen Verhältnis zu Gott. Das wäre nicht der Fall, wenn sie ohne die Gemeinschaft mit einem Christen leben würden.

Wie ist dieses Verhältnis beschaffen? Was kann der Gläubige einem Ungläubigen geben – ganz gleich, ob es sich nun um sein Kind oder seinen Ehepartner handelt? Kein Zweifel, die Gegenwart eines gläubigen Menschen übt einen bewahrenden Einfluss aus (vgl. 1Mo 18,22-33). Aufgrund seiner Anwesenheit in dieser Familie ist das Evangelium dort für alle greifbar. Der Heilige Geist, der dem Gläubigen innewohnt, ist in dieser Familie am Werk. Man kann seinen Einfluss spüren und seine Kräfte wahrnehmen.

Für den ungläubigen Partner ergibt sich, wenn seine Frau Christin wird, eine völlig neue Situation, die er bei der Eheschließung nicht voraussehen konnte. Sie besucht jetzt die Gottesdienste, liest in der Bibel und betet. Sie hat neue Freunde, und die Gemeinschaft mit anderen Christen bedeutet ihr sehr viel. Sie lehnt die falschen Steuererklärungen ab, die sie immer gutgeheißen hat. Vieles von dem, was ihr früher Spaß gemacht hat, interessiert sie jetzt nicht mehr.

Mag sein, dass sie ihren Mann damit reizt und er vielleicht so reagiert: »So haben wir nicht gewettet. Als wir heirateten, war von alledem noch keine Rede. Du hast an dieselben Dinge geglaubt wie ich, und du hast das gleiche Leben geführt wie ich. Jetzt bist du fromm, und das kann ich nicht vertragen. Ich suche mir etwas Neues. Wir passen nicht mehr zusammen.« Besteht der ungläubige Ehepartner auf einer Scheidung, dann sagt die Bibel (V. 15): »… so trenne er sich. Der Bruder oder die Schwester ist in solchen Fällen nicht gebunden; in Frieden aber hat uns Gott berufen.«

Will der ungläubige Ehepartner jedoch bleiben, ist das eine Möglichkeit, ihn für Christus zu gewinnen. Paulus sagt: »Denn was weißt du, Frau, ob du den Mann erretten wirst? Oder was weißt du, Mann, ob du die Frau erretten wirst« (V. 16)? Dieser Gedanke muss im Herzen eines Christen Vorrang haben. Die Tatsache, dass jemand, der einem sehr nahesteht, Christus nicht kennt, sollte in einer Christin den starken Wunsch erwecken, ihn für Jesus Christus zu gewinnen. Paulus sagt, dass sie bei einer Trennung keine Gelegenheit mehr dazu hat. Diese Gelegenheit besteht aber, solange der ungläubige Partner sie nicht verlässt.

Den Partner gewinnen

Was muss eine Frau tun, um ihren Mann zum Glauben zu führen? Wie soll sie sich verhalten? Was muss sie vermeiden? Wie können ihr Verhalten und ihre Worte ihr Bemühen am wirksamsten fördern?

In 1. Petrus 3,1 wird dieses Problem definitiv abgehandelt. Petrus sagt dort: »Ihr Frauen, ordnet euch euren eigenen Männern unter, damit, wenn auch einige dem Wort nicht gehorchen, sie durch den Wandel der Frauen ohne Wort gewonnen werden mögen.«

Petrus legt den Nachdruck mehr auf das Zeugnis ihres Lebens als auf ihre wortreichen Bekehrungsversuche, Er meint mit den Worten nicht Gottes Wort, wenn er sagt, die Männer würden »ohne Wort« gewonnen. Vielmehr zielt er damit auf die Worte der Frau ab. Der Wandel steht also im Vordergrund, nicht das Reden.

Dann fährt Petrus fort: »… indem sie euren in Furcht reinen Wandel angeschaut haben; deren Schmuck nicht der äußere sei durch Flechten der Haare und Umhängen von Goldschmuck oder Anziehen von Kleidern, sondern der verborgene Mensch des Herzens in dem unvergänglichen Schmuck des sanften und stillen Geistes, der vor Gott sehr kostbar ist. Denn so schmückten sich einst auch die heiligen Frauen, die ihre Hoffnung auf Gott setzten und sich ihren eigenen Männern unterordneten: wie Sara dem Abraham gehorchte und ihn Herr nannte, deren Kinder ihr geworden seid, wenn ihr Gutes tut und keinerlei Schrecken fürchtet« (1Petr 3,2-6).

Und den Männern sagt Petrus: »Ihr Männer ebenso, wohnt bei ihnen nach Erkenntnis als bei einem schwächeren Gefäß, dem weiblichen, ihnen Ehre gebend als solchen, die auch Miterben der Gnade des Lebens sind, damit eure Gebete nicht verhindert werden« (V. 7).

Dann fasst er abschließend zusammen: »Endlich aber seid alle gleich gesinnt, mitleidig, voll brüderlicher Liebe, barmherzig, demütig, und vergeltet nicht Böses mit Bösem oder Scheltwort mit Scheltwort, sondern im Gegenteil segnet, weil ihr dazu berufen worden seid, dass ihr Segen erbt« (V. 8-9).

Die ersten sechs Verse enthalten eindeutige Richtlinien, wie sich eine gläubige Frau verhalten soll.

Ihr Mann will gewöhnlich Gottes Wort nicht hören, am allerwenigsten von seiner Frau. Da beide sündige Menschen sind, gehen sie einander häufig auf die Nerven. Auch ungläubige Männer wissen, dass ihre gläubigen Ehefrauen keineswegs vollkommen sind.

Wenn Ehefrauen gläubig geworden sind, können sie ihren ungläubigen Männern das Christsein vorleben. Allerdings reizen sie ihre Männer sehr oft und meinen, sie müssten ihnen vor allem die christliche Botschaft verkünden. Dabei vergessen sie häufig, dass es zuerst auf ihre Lebensführung ankommt. Mit ihren Versuchen erreichen sie sehr oft nur, dass der Mann verärgert wird. Frauen, die nicht aufhören, gegenüber ihren Männern als »Predigerinnen« aufzutreten und keine Versuche machen, sich zu bessern, laufen Gefahr, dass sich diese hinsichtlich des Evangeliums verschließen.

Mehr Eifer als Erfolg

Wenn sie gläubig geworden sind, meinen manche Frauen, dass sie die Aufgabe hätten, einen Hauskreis zu gründen, um ihn als Falle zu benutzen, in die ihre Männer laufen. Wieder andere legen in sämtlichen Zimmern christliche Schriften aus. Doch der langmütige Ehemann, der sich an Zeitschriften und Traktaten vorbei seinen Weg in das Wohnzimmer bahnt, merkt nur zu genau, was man von ihm will. Und gewöhnlich will er genau das nicht.

Eine Frau, die zur seelsorgerlichen Beratung kam, war ganz außer sich darüber, dass ihr Mann das Evangelium ablehnte. Sie schilderte die Methode, wie sie ihren Mann für Christus gewinnen wollte. Von morgens bis abends ließ sie ununterbrochen christliche Lieder bzw. christliche Musik laufen. Und wenn ihr Mann nach Hause kam, erhöhte sie die Lautstärke. Er stopfte sich daraufhin regelmäßig Ohropax in die Ohren. Die Musik gefiel ihm nicht, und wenn Prediger zu hören waren, gefielen ihm die Ansprachen ebenfalls nicht. Das Auftreten seiner Frau und das Evangelium hingen ihm allmählich zum Hals heraus.

Der Seelsorger riet ihr, sie solle sich zuerst einmal ein Paar Kopfhörer anschaffen und in Zukunft ihrem Lebensstil etwas mehr Aufmerksamkeit schenken. Er forderte sie auf, sich mehr um ihren Mann zu kümmern und ihn weniger mit Predigten als vielmehr mit Liebe und Fürsorge zu bombardieren. Es dauerte nicht lange, da kam ihr Mann ebenfalls zur Seelsorge. Schließlich wurde er Christ.

Eine Frau sollte ihren Mann mit Vorträgen oder Predigten verschonen und sich auch nicht auf ständiges Drängen verlegen, er möge doch mit ihr zum Gottesdienst oder zu einer Evangelisationsversammlung gehen. Sie darf ihn nicht an der Nase herumführen, indem sie ihn in eine Lage hineinmanövriert, in der er mit der biblischen Botschaft überschwemmt wird.

Diese und ähnliche Tricks haben Ehefrauen seit eh und je angewandt, um ihre Männer zu Jesus zu führen. Das Erstaunliche ist nur, dass sie in etlichen Fällen zum Ziel geführt haben. Aber noch öfter erwiesen sie sich als Flop, sodass sie den Männern die Frohe Botschaft verleidet haben. Das Schlimmste, was eine Frau tun kann, ist, ihren Mann ständig mit dem Evangelium zu plagen.

Weniger List und mehr Leben

Aber eine Frau, die eine christliche Persönlichkeit ist, verfehlt ihre Wirkung auch auf ihren Mann nicht. Sie muss ihn nicht durch ihre vielen Worte gewinnen. Vielmehr ist ihr Verhalten der beste Wegweiser zu Christus. Ihr Leben ist die Basis für ihre Worte. Das heißt nicht, dass sie oder jemand anders nicht an irgendeinem Punkt ihm auch die Botschaft nahebringen muss.

Niemand ist je zum Glauben gekommen, ohne das Evangelium gehört zu haben (Röm 10,17). Mir geht es aber um etwas anderes: Der ungläubige Ehemann wird ohne das ständige Reden, Nörgeln und Predigen seiner zum Glauben gekommenen Frau am ehesten gewonnen.

Worauf es ankommt, ist das Verhalten der Frau zu Hause. Darum frage ich Sie: Was für eine Ehefrau sind Sie? Wie verhalten Sie sich zu Hause?

Frau O. kam zur Seelsorge und sagte: »Mein Mann wird nie hierherkommen. Ihm ist alles egal: ich, unsere Ehe, alles.« Der Seelsorger bat sie, nicht den Mut zu verlieren, und sprach mit ihr über ihr Leben. Frau O. sah ein, dass sie sowohl als Mutter wie auch als Ehefrau versagt hatte. Sie kam zu der Einsicht, dass sie sich ändern müsse, aber nicht in erster Linie, um ihren Mann für Christus zu gewinnen. Das darf niemals der Beweggrund sein. Vielmehr musste sich ihr Lebensstil ändern, weil sie von jetzt ab ein gottgefälligeres Leben führen wollte. Ob dadurch ihr Mann für Christus gewonnen wurde, stand dabei nicht im Vordergrund.

»Trachtet ... zuerst nach dem Reich Gottes und nach seiner Gerechtigkeit« (Mt 6,33). Das muss stets der Hauptgrund sein. Auf diese Weise gelangte Frau O. zu der Überzeugung, dass sie sich nicht wie eine gottgemäß lebende Ehefrau verhalten hatte. Sie bekannte ihre Schuld und bat den Herrn, ihr dabei zu helfen, eine bessere Ehefrau zu werden. Ihren Mann hatte sie, bevor sie zum seelsorgerlichen Gespräch kam, nämlich längst abgeschrieben.

Der Seelsorger fragte sie: »Mit welchen kleinen Dingen könnten Sie beginnen?« Sie konnte ihm nichts nennen – es war schon zu lange her, dass sie sich darüber Gedanken gemacht hatte!

Da machte ihr der Seelsorger einen Vorschlag: »Stellen Sie doch morgen Abend einmal Kerzen auf den Tisch. Empfangen Sie Ihren Mann mit einem festlich gedeckten Tisch, wenn er von der Arbeit kommt. Geben Sie ihm zu verstehen, dass Ihnen nicht alles gleichgültig ist und dass Sie daran arbeiten wollen, in Ihre Ehe wieder Harmonie zu bringen. Er wird bestimmt merken, dass Sie versuchen, sich zu ändern.«

Sie hielt nichts davon: »Er wird mich auslachen! Er sagt bestimmt: ›Warum hast du das Licht ausgemacht? Soll ich etwa im Finstern essen?‹, oder etwas Ähnliches.«

»Haben Sie einen besseren Vorschlag?«

»Nein.«

»Dann versuchen Sie es doch wenigstens einmal.«

Wissen Sie, was sie berichtete, als sie nach acht Tagen wiederkam? Ihr Mann kam nach Hause, sah die Kerzen und sagte: »Lass alles so stehen«, und verschwand. Eine Minute später kam er mit seinem Fotoapparat und machte eine Aufnahme. Er hatte etwas gemerkt. Sie hatte nichts gesagt, sondern etwas *getan*. Ihr Verhalten an diesem ersten Tag machte mehr Eindruck als ihre monatelange Nörgelei. Das war nur ein kleiner Anfang. Es waren noch viele wichtigere Dinge zu bewältigen. Aber dieser erste Versuch hatte bei beiden gewissermaßen als Initialzündung gewirkt.

Auf das, was man sagt, kommt es nicht zuerst an. Vielmehr geht es vorrangig darum, wie man sich verhält. Die erwähnte Frau hatte ihm immer wieder vorgeschlagen, mit ihr zum Gottesdienst zu gehen. Sie hatte ihn gebeten, sie zum Seelsorger zu begleiten. Doch ohne Erfolg. Als sie anfing, etwas zu tun, wurde alles anders, wirklich alles.

Ein Ehemann sagte über seine Frau, als er mit dem Seelsorger sprach: »Ich bin zu Ihnen gekommen, weil ich wissen möchte, was mit ihr passiert ist. Als sie nach Hause kam und zu mir sagte: ›Ich möchte dich um Verzeihung bitten‹, war ich erschüttert. Es war das erste Mal in unserer Ehe, dass sie das tat.«

Ein anderer Mann drückte es so aus: »Ich bin hierhergekommen, weil ich wusste, dass wir einen Durchbruch erlebt hatten, als sie zu mir sagte: ›Ich will mich dir fügen.‹« Jetzt begann er, sich zum ersten Mal Mühe zu geben, seine Ehe nach Gottes Willen zu führen.

Der Apostel Petrus sagt: »Ihr Frauen, ordnet euch euren eigenen Männern unter, damit, wenn auch einige dem Wort nicht gehorchen, sie durch den Wandel der Frauen ohne Wort gewonnen werden mögen« (1Petr 3,1).

Mit den Augen des Partners
Was für eine Frau sind Sie in den Augen Ihres Mannes? Falls Sie mit einem ungläubigen Mann verheiratet sind: Was für ein Bild macht er sich von Ihnen? Hält er Sie für eine Nörglerin – für eine Christin, bei der zwischen Anspruch und Wirklichkeit ein Widerspruch klafft? Oder sieht er in Ihnen eine Frau, deren Verhalten ihren Glauben widerspiegelt?

Muss er dabei nicht allmählich neugierig werden, ob dieser Glaube nicht auch für ihn infrage käme? Kann er feststellen, dass Christus Ihr Leben umgestaltet? Sieht er in Ihnen eine Frau, die sich wirklich bemüht, eine gute Ehefrau zu sein? Erkennt er Freundlichkeit und Liebe, auch wenn er selbst verärgert, unfreundlich, eklig und herzlos ist?

Nicht das ständige Reden bzw. Herumnörgeln, sondern Ihr Verhalten bezeugt die Kraft Christi in Ihrem Leben.

Es ist interessant, dass Petrus zwei Wörter gebraucht, wenn er das Verhalten der Frau charakterisiert: »rein« und »in Furcht«. Der letztgenannte Begriff bezieht sich auf die Achtung vor ihrem Mann (im Sinne von »Ehrfurcht«). Damit ist der gleiche Sachverhalt gemeint, den Paulus in Epheser 5,22 anspricht. Dort sagt er, dass sie sich ihm unterordnen soll, und zwar »als dem Herrn«.

Man beachte jedoch auch das andere Wort: Es geht um »keusches« oder »reines« Verhalten. Es gibt gläubige Frauen, die ihren Männern Anlass geben, ihr Verhalten zu beargwöhnen und ihrer Treue zu misstrauen.

In manchen Fällen haben sich ungläubige Männer durch das gedankenlose, unbesonnene Benehmen ihrer Frauen gegenüber dem Evangelium ganz verhärtet. Und es gibt gläubige Ehefrauen, die gefühlsmäßig von irgendeinem gut aussehenden Prediger oder Gemeindeältesten fasziniert sind, der »so ganz anders« ist als der »querköpfige, unerlöste Ehemann« zu Hause.

Wenn eine Frau diese Haltung einnimmt, bekommt sie gewöhnlich einen schwärmerischen Blick, und sie ist dann im tiefsten Innern alles andere als eine sündlose Frau. Und die Versuchung wächst, über den Zaun in Nachbars Garten zu schauen. Sie denkt: »Wie herrlich wäre es, einen lieben, gläubigen Ehemann wie X. zu haben!«, oder: »Wie schön wäre es, mit einem Pastor wie Y. verheiratet zu sein!« Vielleicht fängt sie sogar an, davon zu fantasieren, und ihr Mann schöpft zwangsläufig Verdacht.

Alles in allem droht einer Frau, die ihre eheliche Aufgabe und Verpflichtung auf jede erdenkliche Weise zu erfüllen sucht, eine solche Gefahr kaum. Ihr Mann braucht ihr nicht zu misstrauen. Sie »erweist ihm Gutes und nichts Böses alle Tage ihres Lebens« (Spr 31,12).

Sie wird im Einklang mit 1. Korinther 7,1-5 leben. Wie oft haben gläubige Frauen die sexuelle Gemeinschaft blockiert und dadurch nicht nur ihre ungläubigen Männer vielen Versuchungen ausgesetzt, sondern auch Jesus Christus Schande gemacht!

Fassen wir zusammen:

Für die gläubige Frau eines ungläubigen Mannes hat eines Priorität: Gewinnen Sie ihn durch Ihren Lebenswandel! Beten und lieben Sie! Das ist die Grundlage für Ihr Zeugnis.

Fragen zur Selbstkontrolle

Fragen Sie sich: »Wie habe ich mich bisher verhalten?«

Tragen Sie nachstehend Ihre Antworten ein und fangen Sie betend an, einen neuen Kurs in Ihrer Ehe einzuschlagen und diesen dann zu halten.

1. Was mache ich richtig?

2. Was mache ich falsch?

3. Was muss ich anhand des Wortes Gottes konkret in meiner Ehe ändern?

Fangen Sie jetzt an!

Wenn Sie bei der Lektüre dieses Buches auf manches Problem in Ihrer Familie gestoßen sind, sollten Sie etwas dagegen unternehmen. Hier ist ein einfacher biblischer Plan, der Ihnen die Sache erleichtern wird.

Erstens: Schreiben Sie auf, was Sie in Ihrer Ehe alles falsch gemacht haben! Regen Sie sich nicht über das Versagen Ihres Ehepartners auf, sondern bekennen Sie Gott Ihre viel größere Schuld (Mt 7,1-5).

Benutzen Sie dazu das Arbeitsblatt am Ende dieses Kapitels. Führen Sie Einzelheiten auf, keine Allgemeinheiten. Wir sind nicht abstrakt nachlässig: Wir gebrauchen harte Worte, lassen unsere Sachen herumliegen, versäumen es, für eine gute Mahlzeit zu danken, oder sind desinteressiert an den beruflichen Problemen unseres Ehepartners.

Wir leben konkret. Das bedeutet, dass wir auch konkret sündigen. Daher müssen Änderungen konkret erfolgen.

Zweitens: Bekennen Sie Gott Ihre Sünden!

Drittens: Beschließen Sie, sich anhand biblischer Normen und Beispiele zu ändern! Tragen Sie konkrete Vorschläge auf der Liste ein! Bitten Sie Gott, dass er Ihnen hilft, sich zu ändern!

Viertens: Gehen Sie demütig zu Ihrem Mann oder zu Ihrer Frau, zu Ihren Eltern oder zu Ihren Kindern und gestehen Sie ein, dass Sie ihnen gegenüber gesündigt haben! Sagen Sie ihnen, dass Gott Ihnen Ihre Schuld vergeben hat und dass Sie jetzt auch sie um Verzeihung bitten! Reden Sie ausschließlich von *Ihren* Sünden und *Ihrem* Versagen!

Fünftens: Versuchen Sie nach Möglichkeit, jedes Unrecht sofort wiedergutzumachen! Teilen Sie diese neue Erfahrung mit Ihrem Ehepartner bzw. Ihrer Ehepartnerin und bitten Sie ihn (sie), beim Aufbau einer neuen Einstellung und Beziehung mitzuarbeiten!

(Vgl. hierzu die Ausführungen über die Einrichtung eines Familienrates in: Jay Adams, *Befreiende Seelsorge*, Gießen: Brunnen Verlag, 1973, S. 192-197, 220ff.)

Selbstkritik und neuer Anfang

Meine Schuld	Was soll ich anhand der Bibel konkret in meiner Familie ändern?